民办高校教育创新与实践研究

郭 斌 王聆霁 ◎ 著

吉林出版集团股份有限公司

版权所有　侵权必究

图书在版编目（CIP）数据

民办高校教育创新与实践研究 / 郭斌，王聆霁著.
长春：吉林出版集团股份有限公司, 2024. 6. -- ISBN 978-7-5731-5166-7

Ⅰ. G648.7

中国国家版本馆CIP数据核字第20241H5A06号

民办高校教育创新与实践研究

MINBAN GAOXIAO JIAOYU CHUANGXIN YU SHIJIAN YANJIU

著　　者	郭　斌　王聆霁
出版策划	崔文辉
责任编辑	刘　洋
封面设计	文　一
出　　版	吉林出版集团股份有限公司
	（长春市福祉大路5788号，邮政编码：130118）
发　　行	吉林出版集团译文图书经营有限公司
	(http://shop34896900.taobao.com)
电　　话	总编办：0431-81629909　营销部：0431-81629880/81629900
印　　刷	吉林省六一文化传媒有限责任公司
开　　本	710mm×1000mm　1/16
字　　数	210千字
印　　张	13
版　　次	2024年6月第1版
印　　次	2024年6月第1次印刷
书　　号	ISBN 978-7-5731-5166-7
定　　价	78.00元

如发现印装质量问题，影响阅读，请与印刷厂联系调换。电话：18686657256

前　言

民办高校是我国高等教育事业的重要组成部分，为现代化建设培养了大批人才，一批优秀的民办高校以其鲜明的办学特色得到了社会的广泛关注和认可。随着我国教育大众化和人民日益增长的高等教育需求，民办高校也在不断发展并逐步壮大。在竞争激烈的高等教育市场，品牌建设已成为民办高校长远发展的必然选择。加强民办高校品牌建设对于民办高校实现内涵式可持续发展具有重要意义。对民办高校发展与品牌建设实践的研究，对民办高校的发展具有深远意义。

目前，我国高等教育正在从以规模扩大为主要特征的外延式发展逐步转向以质量提高为主要特征的内涵式发展，民办高等教育面临新的机遇和挑战。

在我国经济社会转型的背景下，高等教育的内涵式发展是在强调发展的同时，更加注重质量和效益的提升，更加注重办学特色，这已成为我国高等教育改革发展最核心、最紧迫的任务，也是民办高校实现可持续发展的必由之路。由于笔者水平有限，加之时间仓促，书中疏漏和不足之处在所难免，敬请广大读者提出宝贵意见，以便笔者进一步修改，使之更加完善。

目 录

第一章 民办高校发展概述 1
第一节 民办高校的类型、特征与发展动因 1
第二节 新民促法下民办高校发展的着力点 16

第二章 民办高校发展的基本要素 20
第一节 民办高校的专业设置和办学规模 20
第二节 民办高等院校发展的效益分析 28
第四节 民办高等院校的师资队伍建设 47

第三章 民办高等教育可持续发展研究 54
第一节 民办高等教育发展模式的类型 54
第二节 民办高等教育可持续发展 57

第四章 民办高校教育创新的实践 63
第一节 民办高校教育创新路径 63
第三节 民办高校教育创新常见问题及解决路径 68

第五章 民办高校教育质量保障体系建设理论 70
第一节 高等教育分类理论 71
第二节 全面质量管理理论 78
第三节 产出导向教育理论 87

第六章　民办高校教育质量保障体系的构建 …………… 95
第二节　民办高校教学质量保障体系的组织设计 ……… 100
第三节　民办高校教学质量保障体系的基本模型 ……… 107
第四节　民办高校教学质量保障体系的基本要素 ……… 116

第七章　民办高校教育质量保障体系实施策略 …………… 146
第二节　民办高校教学质量建设的对策建议 …………… 164
第三节　民办高校教学质量保障体系的实施步骤 ……… 196

参考文献 ……………………………………………………… 204

第一章 民办高校发展概述

第一节 民办高校的类型、特征与发展动因

自从我国放开社会力量办学以来，非政府组织和公民个人举办的各种形式的学校竞相出现，呈现百花齐放的局面。比如有私人个体办学、多人合伙办学、企事业单位办学、协会、研究会和基金会等团体办学、民办公助、国有民办、一校两制、股份制办学等。2021年5月正式公布的《民办教育促进法（实施条例）》中明确规定"国家鼓励企业以独资、合资、合作等方式依法举办或者参与举办实施职业教育的民办学校"在资产管理、并购、办学形式等多角度针对民办高校予以充分支持。

一、民办高校的类型

（一）民办高校分类概述

民办高校具体可分为非营利性和营利性两种民办高校。非营利性民办学校纯粹公益性办学，不以营利为目的，学校办学结余进行分配，只

能用于学校的再发展；营利性民办高校是指按照企业运行模式建立，学院的办学结余，在提取一定比例的再发展基金后可以给予投资者、办学者和经营者适当回报的民办高校。非营利性和营利性民办高校，各有利弊。无论民办高校的举办者选择哪种类型，民办高校都属于公益性事业，是我国高等教育的重要补充，都是为国家培养人才。不同的选择带来的只是分类管理后，国家不同政策的支持。

对于民办高校而言，其主要的经费来源不是政府的拨款而是学费，因此提高招生规模和学费对于民办高校的盈利情况就十分重要。从目前主要民办高校上市公司公布的招生计划来看，2021年各上市企业对于招生规模都有不同程度的提升，大多保持10%以上的增长幅度。民办高校的分类具体包含以下方面：

第一，按产权分类。以资产所有权归属作为标准，即产权属于政府的高校是公办高校，而产权属于某个体、企业、社会团体的则为民办高校。但是这种分类方法也有弊端，对于将来政府和社会共同资助的高校则难以准确地界定其产权归属。

第二，按经费的来源分类。根据这种界定方法，凡是由国有资金所办的高等学校都称为公办高校，非国家出资办学的高校则为民办高校。

但是如果按照这种方式来界定的话，则限制了民办高校的筹资渠道，并且与国际惯例不符，因为国外许多私立大学同时也接受政府提供的经费资助。

近几年，我国也加大了对民办高校的经费支持，包括奖学金、助学金、专项建设经费等。

第三，按办学主体和经费来源分类。即办学主体为非政府的个人、企业或社团组织，办学经费主要由学校自筹的高等学校，通称为民办高校。

由于引入社会力量参与办学的初衷在于多渠道筹集教育经费，提高竞争机制，从而完善和补充现有的公办高校系统。学校产权归属也是制约或促进竞争的十分重要的因素。因此，应当以高校的产权归属、办学主体与主要办学经费来源三个指标来界定民办高等学校，即凡是用非财政性教育经费为主要办学经费来源、产权非各级政府所有、办学主体为非政府组织的高校就应当称为民办高校。

（二）民办高校的具体类型

根据办学主体和办学经费来源划分，民办高校的类型主要包含以下方面：

1. 公民个人办学

公民个人办学的民办高校是由出资人个人投资，出资者可以是一人，也可以是多人，学校聘请校长办学，自聘教师，自主办学，自主管理。目前，我国大多数民办高校是以这种模式创办和发展起来的。

2. 民营企业办学

民营企业办学是由民营企业或企业家出资创办的民办高校。

3. 社会团体办学

社会团体办学民办高校一部分是由社会团体、组织投入少量启动资金。利用其在社会的影响来吸引社会捐资举办的；同时也有的民办高校实际上就是由公民个人举办，挂靠在一个社会团体、组织名下的。

4. 独立学院

作为1998年开始兴起的一种全新的民办高校组织形式，独立学院从一开始建立就站在一个极高的起点上，迅速蓬勃发展，它的组成和特点明显区别于传统的民办高校。独立学院，是指实施本科以上学历教育的普通高等学校与国家机构以外的社会组织或者个人合作，利用非国家财政性经费举办的实施本科学历教育的高等学校。独立学院是由社会力量出资提供办学所需的一切硬件设施，由公立高校提供办学所需师资、管理人员等软件的办学组织形式。

5. 捐资办学

捐资办学民办高校是完全依靠捐款建立的，这类民办高校的捐款多数来自港、澳、台地区同胞，海外侨胞以及国内外热心教育事业的慈善人士。他们捐资捐物举办民办高校来达到造福桑梓，报效祖国的目的。

6. 教育集团办学

教育集团办学是以教育集团为出资单位举办的民办高等学校。

二、民办高校的特征

（一）民办高校的具体特征

民办高等教育的办学类型多样，不同类型的高校之间有其共同的特点，也存在着一定的差异。通过研究发现，在这五种办学类型中，公民个人办学、社会团体办学和捐资办学可以划分成一类，称之为"个体办学型"；而民营企业和教育集团办学划分为另一类，称之为"企业办学型"。

1. 个体办学型民办高校的特征

（1）投入较少，起点较低。民办高校与公办高校相比具有起点低的特征，举办民办高等教育需要大量的先期投入，如购买校园土地、建造校舍、购置教学仪器设备、聘请教师等，但受个人、社会团体经济实力与条件的限制，这类民办高校的先期投入都比较少，基本上都以少量投入作为教学场所的租金和聘请教师的工资，逐步发展起来的。

（2）以学养学，滚动发展。因为没有雄厚的办学经费做支持，民办高校的收入只能靠学生学费来维持。并在学校的运转过程中，厉行节约，精打细算，把办学结余部分再投入到学校建设中。经过长期的积累，持续的投入，逐年滚动发展起来。

（3）发展较慢，效益较差。由于这类民办高校多数是滚动发展起来的，发展速度一般较慢。绝大部分的办学结余都用于学院发展建设，经济效益也就难言丰厚。2017年以前，我国法律明文规定，投资教育不能以营利为目的，更不允许有暴利。因而，靠学费收入结余后再投入办学的这类学校发展速度比较慢，教育投资效益较差。直至目前，仍有相当一部分民办高校办学条件较为简陋，校舍、教学用房和教师都非常紧张。

2.企业办学型民办高校的特征

企业办学型民办高校因为有企业或集团的强大经济实力做后盾，企业先进管理经验的引入，表现出与个体办学型民办高校较大的区别。

（1）起点较高，投资较大。民营企业和教育集团办学明显不同于个体办学。个人办学、社会团体办学、党派办学等形式的办学，一般采取从低起点逐步提高的做法。而企业办学高校一般建设速度较快，投资力度较大，学校的资产都达数亿元之多。校园教育环境优越，教学设施先进，学校占地面积、建筑面积和各项设施设备，都能达到国家规定的办学标准，这就避免了许多民办高校办学初期因为经费不充足而出现的学校基础设施不齐全，教学质量难以保证的问题。

（2）经济与教育规律有机融合。企业家和教育家有不同的工作经历、专业技能与思维方式，教育教学活动不同于经济活动，它们有自身不同的运行规律。一般而言，搞教育的人不太懂经济，而搞经济的又不太懂教育，要办好教育产业，就需要将教育规律与经济规律有机融合。高校管理者与企业家投资者在一个平台上，教育家和企业家共同办学，给双方提供了一个都能施展才能的舞台，实现了两者的有机融合、协调发展。

（3）经营管理产业化，效益较好。民营企业和教育集团办学在充分尊重教育规律的同时，借鉴和遵循产业运作的一些观念和做法，讲究质量、信誉、成本和效益，为民办高校的教育、教学提供全方位的服务，以推动其更好、更快地发展。因为先期投资额度较大，创办者收回投资成本的压力较大，加上学校硬件条件比较好，有经济实力的家长也愿意把子女送到这类学校。因此，这类民办高校的在建校的初期，收费标准往往比较高。除了学费之外，部分民办高校还另外收取赞助费或建校费。

（4）品牌意识较强。成功的教育集团与成功的企业集团一样，都非常重视品牌建设，强调科学化管理、规范化运作，往往采取统一校名、统一标准、统一管理的模式，在成功办学的基础上，输出集团的管理模式，以托管的方式对其他民办高校进行管理，以扩大其影响。

（二）民办高校不同阶段的特征

在民办高校发展的过程中，不同时期表现出不同的形式与特征，这里我们分别进行分析。

1. 独立性与依附性

民办高校体现出独立性和依附性并存的特征，特别是在国家试点开展学历文凭考试考点期间，表现尤为明显。1993年，是中国高等教育发展历程中一个重要的分水岭，这一年国家颁布了《中国教育改革和发展纲要》，民办高等教育进入一个全新的发展阶段。民办高校的一部分组织形式发生了显著的改变，多数自学考试的助学机构逐渐成为学历文凭的考试试点学院，民办高校终于有了自己特有的颁发学历文凭的资格。虽然这种资格还是不完全的，不过是一种半独立、半依附的资格，但极大地促进了民办高等教育的发展。近年来，民办高等教育有了突飞猛进的发展，少数专修院校从租赁教室、兼职教师的运行模式，逐渐发展成为有了自己独立校舍和专职教师的高职院校。

2. 多样性与统一性

由于各类民办高校建校时举办者、举办方式和投资模式的不同，以及各个学校的办学经历不同，我国民办高校具有天然的多样性特征，这里就不更多地论述了。21世纪初，民办高等教育组织的主要形式是民办高职院校和独立学院，其他的组织形式已经没有生存空间，这些民办高校不论建校初期是何种状态，随着其向民办高职学院或独立学院的转型，规范性、合法性的要求促使这些民办高校的组织模式发生了变化。从20世纪50年代开始，中国的私立高等教育就已经完全消失。公办高校的运行标准和模式就是中国高等教育的标准和模式，中国高等教育的标准模式是由公办高等学校树立的，这种标准的树立对民办高校起到了重大示范引领作用，促使或者规范民办高校向着公办高校的标准去发展。民办高校为了增加自己的合法性，也在有意模仿公办高校的组织形式和行为模式。不论是民办高职院校还是独立学院，其都在向公办高校的标准靠拢，高等教育的统一性被不断强化。

三、民办高校的发展动因

让社会资源进入教育领域，是一个国家弥补教育资源不足、实现教育供求平衡、增加教育多样性和选择性、促进教育竞争的理性诉求。中国是一个人口大国，高等教育需求量大，但教育资源严重不足，因而，大力发展民办高等教育，吸收民间资金办学弥补教育经费之不足，扩大高等教育整体规模以满足人民群众对不同层次高等教育的需求，是一种重要的战略举措。新中国成立以来，民办高校经历了一个从有到无，又从无到有，直到一派繁荣的过程，其兴起和不断发展壮大也反映了民办高校存在的合理性与必要性。

（一）民间悠久的办学传统

我国自古以来就有办私学的良好民风和社会基础。从历史上而言，私学从力主"学在四夷"的孔子起，就没有断绝过，这与时兴时废的官学有所不同。从春秋战国时邓析、少正卯、孔子兴办私学到汉朝私学中兴，其间虽然秦采取过"以法代教""焚书坑儒"等禁私学的政策，但仍有一些人在家著书立说、教授弟子。

自19世纪中叶起,中国社会的门户逐渐开放,私立学校在中国也逐渐兴起与发展。从清末开始,随着兴办学堂事业的发展,中国出现了一批有代表性的新式私立学校。近代私立学校在中国教育近代化的历程中发挥了较为积极的作用,特别是在保存和弘扬传统教育的优秀遗产方面,学习吸收优秀教育的先进思想、内容、方法,开展教育实验等方面。据统计,到1947年,全国有专科以上学校207所,其中私立学校79所,占总数的38.16%,有些地方的私立高校比公立高校还多。

(二)居民教育支付能力的提高

国民生产总值与居民储蓄额是衡量居民教育支付能力的两项重要指标。

改革开放以来,我国经济实现了持续、快速增长,国民生产总值逐年递增,居民储蓄额也不断增长。在居民储蓄额持续增长的同时,居民的高等教育支付能力也在增强。一部分先富起来的人们的消费观念已发生转变,为使子女接受更好的高等教育,他们能够而且愿意承担民办高校更高一些的费用。因此,无论从社会经济发展而言,还是从人民群众的愿望而言,都需要适度超前发展高等教育,而这个发展仅仅靠公办高校是满足不了的。而且,我国经济的发展使商品短缺状况基本结束,出现了买方市场，而高等教育还属于卖方市场，供不应求，这些都为民办高等教育的快速发展创造了历史性条件和机遇。

（三）经济体制改革的不断深化

近年来，经济主体呈现多元化趋势，资源的配置方式发生了变化，由原来的计划配置逐渐转变为在政府宏观调控下由市场发挥基础性调节作用。

2004年3月14日通过的《中华人民共和国宪法修正案》明确规定："国家保护个体经济、私营经济等非公有制经济的合理权益。国家鼓励、支持和引导非公有制经济发展""公民的合法的私有财产不可侵犯"。这说明，我国已经成形的多元化经济格局是不可逆转的大趋势。经济体制改革在教育领域的重要表现就是办学主体的多元化，不同经济主体都可以利用自己的资源发展教育事业，这将有利于吸引更多的社会经营资金进入民办高等教育领域，为民办高校发展提供新的契机。

（四）民办高校的发展模式

尽管我国民办高校发展的时间较短，但由于我国区域性差异比较大，各地在经济水平、经济体制和教育体制等方面存在一定的差异，因而我国民办高校在发展模式方面也呈现出多样化的特征。概括而言，民办高校大致有五种模式，划分依据主要是发展基础和资金来源的差异，既有起点早、无启动资金的民办高校，又有起点较迟、有大规模投入的民办高校；既有个人投资举办的民办高校，又有企业独资或合资举办的民办高校；既有资金全部自筹的民办高校，又有依靠政府资助的民办高校。但无论是哪种模式的民办高校，都符合民办高校的概念和范畴，即举办者都是非公有制经济组织或非政府机构，经费来源主要依靠自筹资金。

1. 以学养学的早期阶段

以学养学的早期阶段的民办高校主要是20世纪80年代初期兴办的，办学者在无校舍场所、无教学设备、无教师队伍的情况下，靠租赁校舍、聘请兼职教师来组织教学活动，这类民办高校起点较低、规模较小、条件较差，但以精细的管理、较高的教学质量吸引了不少学生，闯出了以学养学、略有节余、逐步发展的模式。三江学院、黄河科技学院等一大批民办高校，走的就是这样一条白手起家、艰苦创业的办学道路。从租赁校舍到自建校园，从外聘兼职教师到建立自己的教师队伍，从教学条件简陋到逐步实现教学设施现代化，从非学历教育到学历教育，从专科教育到本科教育，这些民办高校不断扩大办学规模，提高教学质量。这不仅是对办学者毅力和能力的考验,更是对学校定位、质量和信誉的考验。

2. 民办教育家与社会资本(资源)结合阶段民办教育家与社会资本(资源)结合的民办高校走的是高投入、高起点、规范化的办学道路,其主要特点是:敏感地抓住市场经济和社会发展对人才需求的信息,突出专业设置与人才培养的特色,这一特色受到社会广泛欢迎,学校规模也迅速扩大,从而获得了良好的社会效益和经济效益,如西安外事学院、江西蓝天学院、湖南涉外经济学院等民办高校。

3. 教育集团所属的民办高校阶段

教育集团以教育的产业属性为建立前提,借鉴经济发展的经验和成果,引入企业集团的组织形式,创办不同教育层次(往往是从幼儿园到高等教育)的多所学校。集团化办学的主要优点是:按产业发展规律实现教育的规模经营,使资源焕发新的活力,发挥更大的作用。除了品牌效应,教育资源还包括教育理念、管理架构、制度模式、运行机制、科研成果、教育信息等,这些资源的共享可以减少办学过程中的许多重复劳动,在一定程度上提高办学效率,这一模式是现有办学环境下一种非常有效的选择。

4. 股份制民办高校阶段

股份制学校是指借鉴股份制企业筹资方式举办的学校。投资参股者是公民个人、企业、社会团体、民主党派等。出资方式可以是土地、资金、房屋等有形资产，也可以是教育品牌、高层管理者的管理等无形资产。股份制民办高校一般由出资人组成董事会，实行董事会领导下的校长负责制。采用股份制办学有利于吸收社会资金、盘活闲置资产用于民办高等教育。《民办教育促进法》中规定，投资者可以获得合理回报，这一法律的实施有利于此种办学模式扬长避短，迸发出新的活力。

5. 政府资助的民办高校阶段

随着我国经济的快速发展，政府财政资助民办高校发展的能力日益增强，特别是一些经济实力强大的地区，已经具备了资助民办高等教育的能力。

第二节　新民促法下民办高校发展的着力点

2016年11月7日,第十二届全国人大常委会第二十四次会议通过了《关于修改〈中华人民共和国民办教育促进法〉的决定》(以下简称新民促法)。2017年9月1日新民促法正式实施,标志着我国民办教育将进入一个制度环境更完善成熟的时期。在新民促法背景下,民办高校要发挥自身优势,探索和实践特色发展道路,创办出"高水平的民办高校",应注意以下重要着力点。

第一,注重内涵建设,培育异质竞争力。在高等教育大众化已经实现的如今,新时代民办高校要适应转型,培育学校的异质竞争力,才能实现可持续发展。结合新法新制的精神,民办高校凝聚异质竞争力的落脚点就是要注重内涵建设,从高效人力资源管理机制、效益至上经营机制、敏捷市场反应机制、有效质量保障机制、优质服务供给机制以及持续创新机制等六个方面培育优质的"学科、专业、课程、师资、管理"育教学水平、人才培养质量和社会服务能力,着力打造具有国际影响力和竞争力的民办教育品牌。强化社会适应性和创新力,在办学层次和专业上办出自己的特色,在学校发展策略上主张差异化、品牌化、后发优势策略。民办高校可以采用"以点突破""小而精"的形式，集中优质资源，主动适配社会需求，在体制机制、办学特色、资源集聚与配置、专业设置、管理体系、考核方法、师资力量、就业市场等方面挖掘和激活独特性、稀有性和不可模仿性，及时将这些特性转化为竞争力和优势。

第二，适应新政策环境，完善内部治理结构。新时代民办高校治理结构是内外各利益主体之间实现良好互动、实现内部权力的合理分配与制衡的一整套机制与组织结构。因此，民办高校实施分类管理后，无论选择营利性或是非营利，民办高校自身必然要设计和制定更合理和差异化的治理结构。"在厘清民办高校各利益相关者的基础上，在新规新制下，切实把握民办高等教育发展的特征和规律，以章程建设为契机，通过章程的制定和修改，改变以往单一单向的管理方式，构建基于共同愿景和价值引领的内外治理要素参与治理模式"。也可以尝试第三方专业组织介入的"共治"结构，构建政府与高校、董事会与党委、校长与举办者以及第三方专业组织与学校的多元利益主体共同治理的新型治理关系。随着民办高校治理经验的不断成熟、治理关系的日趋完善、治理要素的优化升级，治理结构也必将更加开放、民主与社会化，治理要素也会更加多元、优化与协同，专业化的第三方管理组织介入民办高校治理的深度与广度也将进一步得到发展。

第三，建立产教融合、协同创新的人才培养机制。产教融合的核心是以人才培养为重点，共同利益为纽带，优势互补为手段，成果共享为保障。

民办高校必须尽快建立产教融合、协同创新的人才培养协同机制，主动积极对接市场，时刻捕捉行业企业需求动态，根据社会需求进行人才培养的适应性调整，以校政企三维合力、企业深度参与为基石，呼应区域经济建设和产业发展需求。首先，扩展人才培养理念，确立产学研合作教育的"大人才"观，通过专业建设和人才培养体系的改革，满足在校学生、社会人才以及教师发展的多维需求。合作教育各方的价值认同、利益统一和责权明确是驱动力形成的关键问题和合作特征，探寻学校（教师、学生）与企业（企业主、员工）发展、互惠的利益交集，研究产学研合作教育合作途径与方法，融入项目管理思想。其次，政策驱动机制，实行学校、合作企业（社会组织）以及行业专家组成的产学研合作教育项目理事会体制，解决产学研合作教育推进战略、推进项目、推进政策的决策、监督以及成效评估的顶层空白问题，通过实现合作各方责权利的合作契约关系，形成紧密的利益共同体。最后，构建应用型教师、应用性研究的发展、激励平台,形成学校产学研合作教育的环境,构建教师实践应用能力培养平台,加大应用性研究和成果转化支持力度,激发与保持合作方的合作热情与利益回馈。以资金、人才、知识、技术、信息为纽带,建立双向介入、责权明确、全程参与、利益同享、风险共担的校企深度合作机制,构建校企事业发展与人才培养共同体。

第二章 民办高校发展的基本要素

第一节 民办高校的专业设置和办学规模

一、专业设置

民办高等院校要根据社会发展的生态原理和自身发展的生态原理设置社会对某领域人才紧缺的专业,要以建设社会主义为中心,从自身的培养能力设置专业。在设置专业的同时不要照搬硬抄,千篇一律,在培养内容上要有创新,要加强应用型、技能操作型的训练,增加人文学科、政治思想、职业道德等的素质教育学科,以培养全科人才为目标设置专业。

(一)社会需求与专业设置

民办高等院校科学合理地设置专业是民办高校要认真思考研究的大事。第一,要根据社会需求设置专业,在确定设置新专业时,要深入社会、企事业单位调查研究,深入了解,走访座谈,认真分析几年后,甚至几十年后这个专业人才的需求量,这种产品在市场上的更新程度和销售量。

第二，在设置符合社会需求的专业上还要结合自身的教育力量，要充分考虑师资队伍的结构，根据自身的教师队伍情况设置专业。如果某一个专业虽然社会有需求量，但在目前因师资力量的缺乏而不能立即设置，这时民办高校就要充分考虑这方面的专业教师人选，在教师队伍结构上不能两头大中间小，就是说年老的教师多、年轻的教师多、中青年骨干教师少，不能只顾生源好，不顾高素质教师的缺乏，盲目设置专业而影响专业的可持续发展。第三，实习实践工场建设。设置社会用得上、出得去、留得住的专业人才培养模式，高质量的实验实习基地建设至关重要，也是民办高等院校可持续发展的重要举措。要培养出高质量的应用型、技能型的专业人才，民办高校要按照教学计划要求建设实验实习基地，在校内要科学地设置实验室，要有大量投入、敢于牺牲的精神，购置符合现代教学需要的高精密仪器设备，培养学生能使用、能操作，允许学生自由进入实验室单独训练。除此以外，学校可以与地方厂矿企事业单位联合建立实验实习基地，有目的、有计划地让学生进入实习基地学习实践，还可以利用寒暑假要求学生必须在基层修满假期学分，学校要经常与实习基地沟通衔接，以督促学生自觉学习，提高专业设置人才培养质量，提高民办高等院校专业设置的生态效应。

（二）专业定位

专业定位就是民办学校究竟要以培养什么样的人才为突破口，是为社区基层还是为科研院所设定专业，是以教学型、教学科研型还是以科研型设置专业而进行专业定位。这些是民办高等院校能否持续发展的焦点。定位为社区、基层和建设新农村培养人才，除加大对学生的专业与技能知识传授，更重要的一环就是要对民办大学的学生加强为基层服务做贡献的思想教育，鼓励他们去社区就业，培养他们为建设新农村努力工作的新意识。民办高校专业定位以市场化为主线，在培养社区基层通识人才即全科人才的基础上，更要注重以人为本，人文学科的教育与专业定位科学化、合理化，把应试教育转变成以实践操作、技能训练为主的教育模式；把1∶0.5的理论与实践课改革为1∶1或1∶1.5的理论与实践培养形式；把理论写作改革为实践实验报告的总结，同时民办高校的教育重点要放在专科层次的培养模式上，这样的专科毕业生就会"下得去"，适应社会人才需求。

（三）培养目标要求与课程设置

民办高校的培养目标应与公立研究型高校的培养目标有所不同。民办学校的着重点要培养能干的人，也就是通常讲的技能技术型人才，要把专业技术和职业道德培养放在第一位，还要培养他们学会做人，教会他们爱劳动、懂管理、善交际，乐于为基层服务的新思想。要具备良好的敬业精神和扎实的技能操作水平，较广泛的人文社会科学知识与理论基础知识，良好交流与沟通、信息管理、科学思维和终身学习的能力并具有初步的科学研究能力、创新精神和发展潜能，能从事安全有效的生产实践与社会竞争的高素质专业人才。

在培养要求上要强化基础，注重培养能力，提高实践操作技能素质，通过系统的理论与实践教学，使毕业生在思想道德与职业素质、知识和能力达到基本要求。

在思想道德与职业素质要求上，首先突出严谨的工作作风、崇高的敬业精神，要具有基本的道德规范、法律观念和伦理原则，有实事求是的科学态度、积极的创新精神、良好的团队合作、融洽的周围关系和科学的人生观、世界观以及健康的心理与体魄。

在知识要求上，要有坚实的理论基础知识和较高的技术操作能力，要有较广泛的人文社会科学知识和自然科学基础知识，能扎根最基层且具有较好的体育锻炼和安全防范意识。

在技能要求上，要能够发现问题、分析问题、解决问题，能独立有效地完成和处理技术上的难点问题。要求具有行业初步的科学研究能力和基本的宣传教育的能力，能运用循环技术原理与批判性的思维进行实践的能力，能熟练运用现代信息技术获取信息，解决技术难点的能力，有较强的外语应用能力、人际交往能力、管理能力、在一个部门或一个企业主持全面工作的能力与协调管理能力，还要具有不断进取、终身学习的自学能力。

要突出主干学科、重点学科的培养目标，主干学科则要以实践操作为培养重点，同时要兼顾理论创新。

1. 课程设置

（1）要突出思想政治与人文社会科学的课程、思想道德修养、法律基础、马克思主义哲学原理、新时期的经济学原理及现代文明政治概论。

（2）心理素质课程。包括军训、公益劳动、毕业教育、体育与体育课外测试、全校性课外活动与社会实践。

2. 自然科学基础课程

（1）公共基础。包括高等数学、大学语文、大学物理、计算机文化基础、C语言程序设计、创造原理、计算机文化基础实践、大学英语等。

（2）学科基础。按不同专业的教学计划设置学院专业共同基础课程，如XX学原理、XX心理学、现代技术基础、科学研究方法、心理测量、形式逻辑、专业外语、毕业论文与设计等专业基础学科。

二、办学规模

从短期效益看,民办高等院校的规模决定着民办学校的生存与发展。随着国际、国内高校教育质量的不断提升,受教育者和学生家长对高质量教育的呼唤,民办高等院校开始考虑规模与质量的对应关系,甚至把生源质量和发展规模纳入学校的重要研究课题,下面从三个方面研究民办高等院校发展规模的生态效益。

(一)规模与条件

民办学校的办学规模必须建立在办学条件的基础上,虽然在20世纪80年代末有人提出民办学校可以租借办学场地,但那只能限于短期培训,从教育的生态角度看,民办高等院校的办学条件比规模更为重要。

首先是高素质教师队伍和规模相适应。民办高校的招生规模很重要,但是要在高素质教师的配备上下功夫。由于我国民办高校起步较晚,教师队伍结构一般以聘请离退休人员和招聘高校刚毕业的大学生与研究生为主要教师来源,中年骨干教师对民办大学的认识程度还需要一段时间,所以,民办高校迫切需要培养一支老中青相结合的师资队伍。向社会高薪招聘过来的青年教师,大多数刚出大学校门,一时难以担当教学工作重任，需要一段长时期的培训和培养，这就给民办学校在教育教学质量上带来了极大的难度，极大地制约着民办学校教育教学质量的提升。由此形成了教师队伍结构两头大中间小、教师生态退化的局面。按照教育部师生比的规定，民办高校在招生规模上要严格按规定设置规模。

其次就是实验设备与实验实习基地建设必须与规模相适应。在发达国家和发展中国家的民办高等学校中，一般要求入学的学生高于公立大学；毕业生就业形势看好的根本因素，就是要把动手能力的培养摆在最中心的位置上；实验仪器设备的购置、实验实习课的开设、实训基地的建设等都必须与规模、质量结合起来，培养出来的学生不但要有丰富的理论知识，更应具有一定的社会实践工作能力。它们的办学宗旨之一就是"宁愿少招一百，不愿多招一个与师资、仪器设备、实训基地及相关实验实习教学条件不相符的超招生"。在我们国家的民办高等院校里同样要求将规模与条件、质量结合起来，培养出来的学生不但有丰富的理论知识，更要具有相关的社会实践工作能力。

民办高等学校除了规模与上述基本条件相适应之外，还有一点值得倡导，就是要努力构建和谐的校园生态环境、大学文化，创建大学精神，竭诚为贫困大学生服务，营造一个重教、爱生、尊师的大学新家园。

（二）规模与就业

规模与就业是需求关系的反映，但学校的需求与社会对人才的需求又是一种矛盾的体现。

随着当今社会对教育制度的不断改革深化，学校、政府和全社会都要高度重视高校毕业生的就业率，民办高校的毕业生就业率高，就业质量高，它的生态发展环境就会有空间，就会立于不败之地。我们在招生的时候要考虑到社会对人才的需求形式，培养能够适应现代各行各业经济建设所需要的人才，特别是造就一批攻坚人才和拔尖人才，教学科研、课程设置、实验实训等都要根据社会对人才的需求状况来培养。多做社会调查，实地考察，走访用人单位，根据用人单位和社会的人才需求模式设置课程，培养知识面既广又专的学生，使他们懂技术，有丰富的理论知识，又要有良好的职业道德品质和较高政治思想觉悟。用人单位的唯一用人指导思想就是要实干、能干、愿干，能为单位创造效益的通科人才。只要我们民办高校把培养人才质量、规模、就业三者结合起来，树立高素质人才培养观，就业空间就会越来越大，生态效应就会越来越明显。

第二节　民办高等院校发展的效益分析

一、社会效益

国家的发展与富强完全依靠全国人民的勤劳、勇敢、智慧，有一颗热爱社会主义建设、拥护党的改革开放政策的爱国之心。全国上下各行各业都要围绕富国强民的大方针来努力工作，各行各业都要有为国家做贡献、创效益的精神境界，还要有勇于向一切损害国家利益、贪污腐败的不良思想做斗争的决心，将国家利益摆在至高无上的位置，把自己的利益与人们的利益结合起来，努力为社会多做贡献。民办高等院校已经被国家定性为"公益性事业单位"。在办学过程中要处处考虑是"公益性"这一基本原则在收费标准、贫困助学、学生就业、高质量的培养与教育成本中都要体现出公益性，突出社会效益。民办高等院校的办学人与教师等都要用科学的发展观，从根本上转变办学理念，消除大规模、高利润的思想，把有限的资金用在保障教职工的基本生活条件的基础上，要全部投入到人才培养质量上去，为社会主义经济建设服务。

（一）职业道德与人文素质教育

职业道德教育在世界上已是一个共同关注的话题，在一些发展中国家更加明显。有些人口大国把职业道德人文素质教育摆在优先的位置来培育学生。笔者认为就"职业道德与人文素质教育"这一课题而言，高校在授业传道施行教育过程中，不能硬搬硬抄旧的职业道德条框教育。我们在课程设置上要把人文思想、人格魅力、人权范围教育与职业道德教育结合起来，向学生展开人文教育，在教师的自身上要体现出浓郁的人文气质，教师本身要加强人文修养和人文知识的学习。在校园里要营造人文氛围，教师、行政人员及一切工作人员都要在人文知识修养上做出表率，在校园的教室、墙壁上、学生活动区、生活区都体现人文意识和道德修养意识，来帮助引导学生学会做人、学会生活，立志终生要做一个好人、一个赤诚为社会服务的人。在进行人文与德育教育的同时，我们还要让学生真正知道人文素质和道德修养是自身健康发展、不断完善自我的首选路径。

民办高等院校在制订教学计划时，在确保专业技能与理论教学的前提下，首先要把人文教育、职业道德教育放在突出的位置上，在教育模式上要不断探索创新、不断改革，培养高素质的学生。如果民办高校的毕业生无论今后职业高低都能有一颗真诚为社会、为人民大众服务做贡献的心，那么这个民办学校就为国家做出了贡献，这所民办学校的教育就是成功的。

其次就是人文素质教育与用人机制创新。职业道德与人文素质教育不仅是在学校要积极倡导，认真实施，还要在全社会开展，特别是对政府各职能部门所有的官员持久性地开展。

（二）培育奉献精神与服务理念

坚持把教育放在优先发展的战略地位，加快各级各类教育发展，促进教育公平，促进经济又好又快发展，推进社会主义和谐社会建设，深化改革和扩大开放，加强政府自身改革和建设的宏伟目标，除必须有大批的各类人才作支撑之外，更重要的是要具有高尚的奉献精神，增强优质服务理念。从我国应届高中毕业生升学率来看，要达到教育强国、实现教育优先发展的战略的目标，在若干年内还要继续提高应届高中毕业生的升学力度，扩大职业教育，提高高等教育质量和全面素质教育质量。

（三）办学业绩与素质教育

民办高校培养的人才质量、人才素质和对社会的贡献等都是为社会创造的价值，这些也都是民办高校的生态条件。现在普遍的民办高校由扩张规模型转变为提高教育综合质量型,它们重技能和基本理论的培养,更重视引导学生科学研究,努力培养学生综合素质。

二、经济效益

民办高等院校将社会效益放在首位,这是非常明智的抉择。它具有公益性、全面性和科学性的三种哲学理念。这是民办高校必须具有的工作态度。但是如何充分发挥民办教育自身的特色,在国家没有经费资助的前提之下办好教育,笔者认为,要从以下几个方面来确保教育质量和健康稳步地发展。

(一)成本效益

压缩银行借款,减少利息支出,根据学校资金使用情况,选择合理的现金持有量。民办高校持有的货币资金是需要成本的。一是机会成本,即是市场性的利率调节的资金占用费,货币资金持有额越大,机会成本就越高。民办高校要开展各项教学与业务活动,需要拥有一定的货币资金,由此付出相应的机会成本是必要的。但货币拥有量过多,机会成本就会大幅上升,那就不利于民办高校少花钱、多办事的效益观点。民办高校可抓住为全面建设社会主义新农村这一机遇,着力为建设新农村培养各级各类人才，采用弹性学制，争取时间，为毕业生提供更加广阔的就业空间，为新农村建设服务。二是管理成本。如学校财产管理、设备采购与使用、水电器材与管理、工资、安全措施、校园建设、后勤维修、保卫管理、实验实习、合理发挥人力资源等，这些都是必须支付的成本。如何既不影响教学质量又能科学合理地节约一些成本，是我们科学管理理念和科学管理手段的体现，首先要树立节约的思想，提倡节约，不是不去做工作、不花钱，而是要多去做、少花钱，甚至花同样的资本创造出更高效益，简单地说，就是科学花钱，合理做事。三是短缺成本。民办高校因缺乏必要的货币资金，不能应付业务开支所需，短缺成本随着货币持有量的增加而下降，随着货币持有量的减少而上升。上述三项成本之和最适合的就是货币最佳持有量。在国家没有经费投入的情况下，从民办高校长远的发展观来看，就是要确保质量、减少机会成本，提高设备使用率，倡导师生爱校，压缩、缓解不必要的支付，提前偿还银行贷款，提高管理水平，提升管理效益，降低成本。

（二）科研效益

民办高校如果没有一定的科研项目，学校就会缺乏生气，学校就没有创新。民办高校虽不能像公立名校那样投入科研经费，但绝对不能没有科学研究。在20世纪上半叶的民办高等教育教学和管理中，几乎只注重书本知识注入，缺乏对学生创新思维的培养，科学研究在民办学校得不到体现。学生上课人在心不在，失去一种新的活力支撑其成长。进入21世纪后，全国各类普通本科民办高等学校非常重视科学研究，下达校级科研项目，积极开展科学研究活动，努力争取纵向科学研究项目、科研经费，鼓励教师科研拔尖。

（三）规模效益

民办高等院校在校生规模一般不少于10000人，才能创造规模效益，才能促进办学条件不断地改善。这些年来我国高校都在扩招，充分发挥国有教育资源效益，批准300多所民办二级学院，完全靠规模效益和高收费来维持，这就给民办高等院校的发展带来极大的冲击。但是民办高校也充分借着这个冲击，改善了办学条件、提高了教师待遇、营造了良好的办学环境，为培养高素质应用型人才奠定了基础，努力提升了竞争活力。我们不主张无条件地扩大办学规模，极度的规模效益是短效益，而适度的办学规模，培养高质量的人才，赢得社会的信赖，才是真正发展良性循环的规模效益。

第三节　民办高等院校的办学质量和全面质量管理效应

一、探索教学质量新途径

如何探索教学质量新途径，首先要遵循求精、求实、求新的教学艺术性原则，创新课堂教学方法，增强课堂趣味性，活跃课堂，激活学生课堂学习氛围，更新课堂教学手段，改善课堂教学条件，以多媒体教学和实物教学、实践技能训练、育创新性人才为培养目标。其次要做好课前的充分准备工作，"吃透"教材，精心备课，因材施教，设置疑问教学法，复习旧知识法，运用好直观教学方法，突出课堂教学重点，提高教学质量。

在进入 21 世纪人才资源挑战的今天，我们必须全面实施素质教育，挖掘教学过程中的艺术性和创造性，并开展具有艺术性和创造性的教育教学活动，全面培养学生的创新精神和实践能力，更好地为社会主义建设服务。

（一）探索课堂教学新方法

课堂教与学最主要的是要充分发挥教师的主导作用，教师要注重知识更新，精心编导，积极引导和指导，努力创造条件，热情辅导，调动学生的学习主动性，把学生的眼、心、嘴、耳、手的效应都积极调动起来；允许学生发表自己的独到见解，鼓励学生异想天开，帮助学生从不同角度分析、理解和解决问题。教师在课堂要以培养学生的创新意识与创新思维，以树立创新精神，培养创新能力为目标，积极创造条件，激发学生的创造与学习兴趣，鼓励他们大胆尝试，勇于实践。

教师在课堂教学过程中，一是要明确课堂的主人是学生。只有坚定不移地确定学生的主体地位，唤起学生的主体意识，发挥学生的主动精神，才能获得良好的教学效果。在教学过程中教师要有意识地创造条件，活跃课堂，焕发课堂生气与活力，让学生自由思考，大胆向书本挑战，向教师挑战，使他们的创新意识和创新能力得到较好的发挥。二是要坚持开放性和民主性。教师在课堂的教学中不应拘泥于书本教材，也不应局限于教师的专业知识，应该营造开放性的教学空间，让学生在课堂中心态是自由开放的。在强调教会学生学习时，要重视对学生开放性的思维训练，教学效果不能只注重学生的成绩，有意识地告诉学生标准答案，要根据学生需要积极创造条件，把学生从课堂上释放出来，到大千世界中去，激起他们探索未知、乐于发明创造的兴趣。教师要热爱学生，师生间要建立民主、平等、和谐、融洽的人际关系。在课堂上讲授的部分要精简，抓住重点，绝不能实施满堂灌的教学方式，要给学生留有充足的时间进行讨论和交流，共同破解难题，发表自己的见解。教师在解答难题时要启发、点拨学生，有意识地引导学生共同探讨得出科学结论，尽量做到让学生自由解答出难题结果。长此以往，教师就会与学生的关系融洽，受到学生尊重，学生的主体性也会得到发挥，教学效果也就可以得到较好的体现。三是要关爱差异，培养兴趣。不同类型的学生有不同的学习兴趣、不同的学习方法、不同的思维方式，他自身的实际情况、生活形式、能力水平都会有所差异，教师要根据学生的实际情况，因材施教，设计不同层次、不同水平的问题，分层施教，给不同层次的学生提供通俗易懂有创造性的机会。同时要特别关心甚至偏爱学习较困难的学生，消除他们自卑、消极、被动的心理，耐心地启发、调动他们的学习积极性，鼓励他们想学、敢学、会学，激发他们的善学潜能。培养学生的善学潜能、创新能力，首先是要培养学生的善学、创造兴趣，教师要根据学生的特点和认知规律，创造条件，大胆开拓，设计新颖的教学内容，激发学生的学习兴趣，倡导标新立异，允许学生提出一些好奇的问题，从正面引导，多加鼓励。努力调动学生的探索欲望、创造能力，提高教与学的效果，探索出新的教学技巧、教学方法，确保民办高等学校的人才培养质量，为建设社会主义服务。四是创新教学方法，提高教学质量。创新教学方法，提高教学质量不仅要让学生掌握科学的学习方法与技巧，更重要的是让学生学到知识，能适应社会挑战和经济发展的需要。教师的教学方法与学生的学习方法不可分割，我们既要分析教师如何教如何指导学生的学习，同时还要研究学生的学习目的和学习动机，教会学生学习。培养学生的自学能力是教师的一项基本任务。21世纪的科学技术迅速发展使知识更新的周期缩短，学生必须在学习中不断更新知识，以适应知识密集的信息社会发展、文明进步、知识创新的需要。教师创新课堂教学方法、提高教学效益还要有意识地设计学习障碍，培养学生有较强的质疑与疑难的思维意识，让他们经常意识到一些难以解决或疑惑不解的理论问题与实际问题，使其产生一种怀疑、困惑、探索的心理状态，从而促使他们积极钻研、思维、寻找、处理和解决疑难问题的途径与方法。这也是培养创新人才的科学手段之一。

发现问题是解决问题的关键，是培养创新人才的新起点。学生的问题意识培养需要教师去设计，去精心指导与培育。教师在教学过程中要创造良好的教学环境，要以平等的身份善待学生，在讲授时采用提问式、启发式、案例式、交流讨论的形式，引导学生一起学习，要把自己当作学生的师兄，讲重点、难点，多设计疑难问题，由学生讨论解答。对于依赖性强、贪玩又不想提问、学习成绩偏差的学生，要使他们的质疑与学习意识从无到有，不断增强，老师要有针对性地向他们提问题，出难题让他们思考，不管他们作答得对还是不对，老师都要爱护他们，尊重他们，而且课后要主动去接近他们，多与他们交流谈心，了解他们的心理状态。在遇到难题解不开的时候，主动帮助他们分析解决，让他们体验到成功的喜悦。只有这样民办高校的教育教学质量才会不断提高，学生的创新精神和适应社会的能力才会增强，人才质量才会有保证，毕业生才会受到用人单位的器重和欢迎。其次就是要加强人文素养、人格魅力、竞争意识、交际能力、政治修养的培训和训练。良好的文化以及和谐的校园是管理者和教师与学生共同塑造出来的，培养学生的人文素养和人格魅力，首先是引领者教师要率先垂范，在校园大环境里塑造人文历史，弘扬伟人、名人形象，让学生在校园每一个角落都能模仿和体验到伟人和名人的气质，给他们心灵上以激励。教师在课堂教学过程中除了激发质疑兴趣，创造思维氛围，尊重学生的好奇心，满足他们的求知欲，尽可能把学生引领到科学的轨道上来，也要注重学生的人格魅力培养，就是要培养学生讲诚信，敢于承担责任，能勇于克服一切困难，长期具有积极为祖国、为社会做贡献的理念。在培养高质量复合型人才的课堂里，要对学生加强政治修养的教育与培养，毕业后在长期的工作生活当中，与人群的交际、能力水平、事业质量等方面的竞争，都要随时体现出具有良好的政治思想素质。培养学生的政治修养方面，教师可多采用案例分析法、层次分析法、实物实事的启发式教学模式，可以在课堂里用多媒体录放一些生活短片，给学生提问、讲解，让他们懂得遵纪守法光荣，违法犯纪可耻，从而增强他们的政治修养、提升他们在人生道路上的竞争能力，以切实达到培养高质量通识人才的目标。

（二）教学质量是教与学的融合，是人才质量的体现

自从全国教育进入 21 世纪以来，政府和教育行政部门对提高教师综合素质做了一些硬性要求：一是对学历、职称、普通话有了明确的规定；二是在业务水平、教师的教学创新科学研究也有了行业内的规定；三是通过选拔教师定期培训，考察开阔教师视野也有了些新举措。从整体上看教师综合素质、教学水平有了提高，但与新世纪社会发展对人才的质量要求还有相当长的一段距离。

（三）突出技能教学质量

按照国家高等院校设置标准建立学科门类齐全的实验和实训基地，提高教育教学质量，培养动手操作能力强的通科应用型人才是民办高等学校教学基本目标之一，也是学校可持续发展的根本条件。随着信息化和知识经济时代发展的需要，我国经济建设需要数以亿计的各类复合型人才，这就给民办高等院校带来了前所未有的发展机遇。民办高等院校要充分利用自身的优势，把目光盯在能力培养上，努力提高毕业学生的就业率，而且要确保在用人单位能留得住，这样学校的发展才有希望。民办高校如何把理论教学与能力培养融合起来呢？一是要转变单一的理论教学观念，教师在进行理论教学时要把讲授时间和实物示范教学时间与让学生讨论交流结合起来，使学生在接受理论课的同时就掌握实践技能操作的基本技能，以便在实验教学过程中培养学生的动手操作能力。二是要以学校为中心地位突出对学生的能力培养。建立相关学科的实训基地是培养技能型人才的主渠道；建设好校内的开放性实验室，学生在老师的指导下完成实验实习任务；对于掌握不熟练的实验项目，在课后允许学生在实验室自由摸索创造，进行自我能力培养。三是要建立良好的社会合作关系。建设好校外紧密型实训基地，学生可不定期循环地进入紧密性实训基地进行实践操作。加强与社会企业合作，建立若干个松散型的实训基地网。把一些顶尖的实验教学项目交给社会专家来承担，培养学生技能兴趣。四是要建立实验实训教学考核大纲与考核措施，设计科学合理的实验项目，严格要求学生，优化实验实训内容。设计综合能力、创新能力的训练项目，要求学生在实践技能操作过程中有创新性、全面性，能把所学的专业知识与技能培养结合起来，专业基础知识扎实，综合能力强，能更好地掌握所学专业的实践操作技术。五是开展校内校外技术交流。目前，民办高等院校相互学习，取长补短的积极性尚未调动起来。我国现阶段民办高等院校的资源不足，如果同类型、同层次的民办高等学校能够取长补短，相互交流，合理挖掘技能培训资源，开展技术交流与合作以及教师教学和学生学习的互动，就有望达到不断提高教育教学质量，培养技能型应用人才的目的。

二、全面质量管理效应

中国在加入 WTO 以后，在给国内政治、经济、教育等领域带来巨大影响的同时，也对教师素质、全面的教育教学质量与管理提出了新的挑战和更高的要求。民办高等院校如何面对全球经济一体化进程的加剧，教育领域的国际合作与交流日益频繁、扩大、深入，特别是教育质量与质量效应的体现等，都是我们必须高度关注和重视的研究课题。下面就全面质量管理效应、教师质量效应、服务质量效应等三个方面进行浅析：

（一）全面质量管理效应

全面质量效应吸取了质量保证的基本概念，并不断延伸发展。民办高校要全面提高教育教学质量，创造质量文化。20世纪90年代以来，我国教育领域的全面质量管理理论与实践有了新的进展。褚宏启教授在《全面教学质量管理研究》中，提出了顾客中心、教学过程管理、持续改进、全员参加、领导与战略、全面教学质量管理体系等全面教学质量管理的六要素：

1. 顾客中心

顾客中心是学校管理者在学校内外建立和谐的供求关系，不断满足家长、学生、社会、政府日益增长的个性化需求，同时使学校和学员获得成功，把家长和学生顾客，把学生满意看成最重要的教育目标之一，按照家长、学生的特点和需要提供教育教学服务，以顾客满意为标准，改进教学和教学管理过程。

2. 教学过程管理

教学质量管理是一个动态过程。教学过程管理注重事实依据，有效利用科学测量，改进教学设施，通过教学质量策划、教学质量控制、教学质量改进的不断循环，推动教学过程的不断优化。

3. 持续改进

深入分析影响学校教学质量的深层原因，坚持不断改进，不断创新，以更好、更有效的方式开展教学和教学管理工作。

4. 全员参与

全力发挥学校内外各种积极力量，加强团队建设，引导学生、家长、社会各界力量参与学校教学质量活动，使教师、学生和学校自身获得成长。

5. 领导与战略

学校领导的主要任务是当好"设计师"，指明学校前进的方向，确定发展战略，设计质量方针，确定质量目标，创造勇于创新、积极向上的组织文化。

6. 全面教学质量管理体系

建立以过程为主线，系统文化、全面教学规范化管理，不断改进质量管理体系，使影响教学质量的因素始终处于受控制状态，确保教育教学质量的稳步提升。

学校的全面质量效应，首先是管理机构要将质量全面融于结构之中，各阶层人员都要深刻认识到，质量效应是需要大家做贡献的，学校在全校人员心目中是一个全面的质量机构，要让全体人员体会到质量会让学校在社会和人才市场上占有优势。鼓励全校人员携手合作，让学生接受最好的教育，向受教育者提供最佳的、平等的教育机会，是我们教育工作者与教育管理人员应承担的责任。在医院的医生讲医德，在学校的教师讲教德，也就是教师的教学道德，教师的教德就是努力向学生提供最高水准的教学，精心施教，关心学生的需求。身为教师应有较高的专业水平，不断地促进教育教学质量的提高。

民办高校与公办高校、民办高校与民办高校之间的竞争，较为突出的是生源与人力资源的竞争。如果民办高校的注册人数在不断减少，能力培训在削弱，毕业生就业压力在加剧，这可能表示冗员过多。在新的教育市场中，满足学生求知需求是质量的核心，教育工作者必须努力提高教育质量。如果民办高校不能向受教育者提供最好的教育服务，就可能会失去学生，这些都是受教育者不肯让步的关键性问题，所以我们必须证明能够为受教育者提供高质量的教育服务,有能力提高民办高校的全面质量效应。

(二)教师质量效应

质量效应的体现是建立在一支高素质教师队伍的基础上的,它应该包括思想素质、专业素质、能力素质、理论素质、身心素质、仪表和风范素质,要具有辩证唯物主义的世界观和方法论,实事求是的思想路线,坚持一切从实际出发。一是要具有马克思主义理论素养,还要具有严谨治学、为人师表,具有较高的责任心和强烈的进取精神与良师益友的人格魅力。二是要赤诚爱国、乐于奉献,教师要有强烈的爱国之情,视祖国的利益高于一切,维护祖国和平统一,愿为祖国和人民的利益牺牲自己;又要以振兴祖国的教育事业为主体,热爱本职工作,以献身教育为荣,把自己的全部精力和聪明才智献给祖国教育事业的决心。三是要有较强的业务素质和能力素质。教师的能力素质是育人的关键,理论素质是教学质量的核心。还要具有良好的教育思想和科学文化知识等方面的素养,当然也包括教育理论基础知识、教育观念、专业知识等。而民办高校也必须清楚地认识到培养高水平的教师是一个永恒的课题。我们除了积极引进,更重要的是加快培养,以适应高质量教育的需要,否则,民办高等教育就会落后。

教师的专业技能体现在他本身的能力素质方面，包括教育观察能力、组织能力、表达能力、应变能力和创新能力等，最关键的是要看他如何把自身的知识和书本知识卓有成效地转化为学生的能力，以满足教育国际化的需要。

（三）服务质量效应

1. 学校本身的服务质量效应

既然我们确定学生是学校的主体，学校就要一切为学生服务，学校管理机构、教职工都应该关心学生、爱护学生，尤其每年新生入学期间，要全力为刚离开家乡及父母亲人的同学们排忧解难，从生活上关心到位，特别是对于家庭较困难的学生，学校要热情欢迎他们，给学生造成极大的思想负担而影响他们的上进心。在新同学入学期间，学校从领导到每一个同志都要全力投入学生生活当中去，帮助他们解决刚到一个新地方思想情绪不稳定和生活上的一些实际困难，为新同学安心学习打下良好的基础。

2. 毕业生服务质量效应

高校毕业生一经参加工作就是服务于社会，首先要树立爱岗尽责的思想，要有宽容的心态和谢恩的心理，要乐于把平凡的事做好、做成、做得出色，在平凡的岗位上无私奉献，关爱弱势群体，以服务的心态去帮助他人解决生活中的实际困难，提高服务质量，为社会创造最大的服务价值。

第四节　民办高等院校的师资队伍建设

一、民办高等院校教师队伍建设理论探析

（一）依法治教，科学留人

1.组织教师、工作人员认真学习和执行国家已颁布的《中华人民共和国民办教育促进法》和《中华人民共和国民办教育促进法实施条例》及地方政府和教育行政部门的法律法规性文件。让教师了解国家从法律法规上对民办教育给予了扶持，让教师深知国家对民办教育机构在业务指导、科研活动、教师管理、表彰奖励、晋职晋升等方面与公办学校同等对待，教师或教育工作者的工资、社会保险和福利依法予以保障，专任教师在民办教育机构工作期间同样连续计算教龄。让每一位在民办学校工作的教师都知道其本身的权利有了法律依据保障。学校制订师资队伍建设规划后，加强教师职业道德建设，组织广大教师学习并掌握学校

师资队伍建设的指导思想，积极主动地配合学校的师资队伍建设工作。

2.彻底消除民办学校教师心理障碍。民办学校的灵魂是教师，教师的心态直接支配着他的教育行为，教育行为的优劣又同学校的兴衰直接相关。因此，调整教师心态是民办学校教师管理的一个十分重要的内容。许多民办学校在办学实践中积累了丰富的经验，尤其是在感情留人、待遇留人、环境留人、事业留人、管理留人、科学研究、学术自由等诸方面要落到实处。

（二）正确引导，激发热情

对于决定到民办学校干出一番成绩的中年教师来说，他们心中充满激情和希望，这些教师中有些人其本身在公办学校也做出了相应的成绩，但个性的发挥受到了限制，为了寻求更大的发展，他们把民办学校作为全新的事业为之奋斗。因此，民办学校要让教师了解学校灿烂的明天，激发教师的事业心；要让教师知道学校的发展有每一位教师辛勤工作的功劳，树立"校兴我荣、校衰我耻"的精神风貌。

1.不断提高教师待遇

一些具有一定规模的民办学校，教师的工资一般都比较高，但与公办学校相比，其福利待遇就相对偏低，加上公办学校几乎每年增加工资，公办与民办之间的年收入差距就逐渐加大,如此情况下,来自经济发达地区的教师就会产生回归心理,因此,民办高校应适时提高教师待遇,稳定优秀教师队伍。

2. 以情待人

学校应成为教师情感的依托之处、归属之所,校领导要多了解和帮助教师解决生活上的困难,加强沟通,建立感情,缩短距离,持久性地保持亲切感,少命令,多协商,少指责,多引导。董事长或校长在平时的管理中应少批评、多谈心,要作为教师的知心朋友,主动帮助他们解决生活中的实际困难,给学校营造温馨的环境,把集体的温暖送进每个教师及家属的心中,让每个教师都知道校领导对自己是关心的、看重的,从心里产生一定要安心教好书、育好人的念头。除此之外,良好的校园环境和人际环境也是留住优秀教师的一个重要因素。教师普遍追求自身的社会价值,特别是要注意公平、弘扬正气、树立典型、榜样带路。建立科学的用人机制,倡导健康和谐的校园人际关系。在同事之间大力提倡团结协作、融洽相处,让教师获得充分的心理平衡,使学校的人际关系充满互敬互重、亲密无间的和谐气氛,使每个教师都能心情舒畅地放手在学校里工作,把精力集中在教书育人、服务育人上面。

3.重视情感培养

教师的劳动不能完全依靠外部去监督控制,要靠教师自觉的劳动态度和责任心。"教"与"育"的质量不是由地方组织和学生决定的,也不是由教学大纲来决定的,而是由教学人员决定的。所以除了上述所说的留人措施以外,更重要的是要培育教师的情感,对教师要多点情感投入、热爱和关心、理解和尊重、信任和宽容。教师属于文化层次较高的群体,他们容易接受新思想,重视人的尊严与价值的实现,参与意识和成就感强烈,希望领导发扬民主,因此,应多与教师沟通,增加教师的认同感和归属感。

二、组建高素质的民办高校师资队伍

高素质的教师,首先具有较高层次的学历结构和专业水平之外,其次就是要具备良好的人格魅力和热爱教育事业,敬岗爱业的政治思想觉悟与科学授业的职业道德观念。下面就组建高素质教师队伍谈点体会:

(一)组建高素质的教师队伍

1.积极鼓励教师拔尖

教师是一种个体劳动,个人资质的优劣、教学水平的高低、教学能力的强弱，直接决定了教师的教学质量及对学生的影响，因此在物质待遇上就要注意区分，鼓励拔尖。民办高校绝不能让平均主义和攀比之风影响个体拔尖，真正做到奖优罚劣。对优秀教师不但在物质的实际利益方面给予优厚的待遇，同时在精神利益方面也要有吸引力，这是对部分教师做贡献的认可，多表扬、多奖励，少指责或不指责。他们产生了荣誉感，对稳定教师队伍、增强凝聚力有积极的意义。鼓励教师拔尖，也可以使全体教师看到方向，只要认真干、有成绩，是绝对不会亏待他们的。

2. 强调教师的人格力量

加强对教师的在职进修，建立多样化的在职进修体系，如开展研究生水平的在职进修，努力开阔教师的知识面。可以组织教师分期进入企业、教育事业单位、福利事业单位、科研院所、政府职能部门进修体验，培养所有教师的心理咨询能力，加强对教师的在职培训，重视教师对知识技能、人格魅力的评价，培养教师的人格魅力，以适应学生、适应家长、适应学校。

3. 建立健全教师社会保障体系

依法建立符合民办学校自身特点的社会保障体系，是稳定教师队伍的有力措施之一。特别是对有发展前途、有突出贡献的人员额外附加社会保险作为奖励，对达到级别的骨干人员补充保险金，这样做既可以调动教师和职工的积极性，同时使单位具有向心力，成为吸引人才的园地。

4.不断完善激励机制

民办学校的教师结构比较复杂，很多教师缺乏科学追求精神，人员来自全国各地，只要通过考查认可，学校就要主动为其办妥相关手续，努力营造校园文化氛围，让每位教师都体会到学校就是自己的家，把民办教育当作个人事业的追求，消除雇佣观点。而学校本身也要实行体制改革，可以让每个教师入股投资，也可把个人业绩转化为投资股作为奖励，或把教师所在校的工作年龄转化为投资股，凡持股者都可以领取效益奖励工资，这就使教职工由雇员转化为主人，与学校的发展荣辱共存。同时校产也将会相应不断增值。

（二）建立合理的淘汰机制

要在激励机制的基础上建立淘汰机制。在政策优化的基础上，使那些不求进取，缺乏开拓精神又抱残守旧的人淘汰下去，绝对不能迁就、照顾，只有这样才能激发创造才能，才能把个人潜能从深层挖掘出来，学校才会有生机。

建立公平合理的淘汰机制可以唤醒主体意识，培育主体意识，高扬主体意识。只有自强不息，革旧创新，才能改变一些人安于现状，不图进取的混世态度。

民办学校这支新生且建设艰难的师资队伍正在日益成长壮大，目前学校都把提高师资水平看成是提高教育教学质量和学校声誉的重要因素，造就一支高水平的教师队伍已成为民办学校的当务之急了。

第三章 民办高等教育可持续发展研究

科学划分民办高等教育发展模式是把握当前民办高等教育主导发展模式的关键。由于中国发展民办高等教育的环境特殊，20世纪90年代中后期，中国民办高等教育发展模式形成以市场化发展模式为主导的形势，民办高等教育市场化发展模式在中国表现出了鲜明的特征。

第一节 民办高等教育发展模式的类型

教育作为以培养人为目的的社会活动，本质上是一项社会福利事业，学校作为教育的载体，本质上也不同于一般的企业。因而，科学划分民办高等教育发展模式，应当要从本质上区别于其他社会产品的发展模式。根据民办高校举办者的办学动机及政府在其中的角色，民办高等教育的发展模式可分为以下五种理想类型：

第一，纯福利发展模式，即民办高校举办者以完全免费的方式向受教育者提供高等教育的发展模式。在这种发展模式下，举办者完全是出于社会目标，受教育者几乎无须承担任何成本。

第二，市场化发展模式，即在政府未进行有效干预的情况下，民办高校以市场为导向，以实现举办者利润最大化的发展模式。在这种发展模式下，政府一方面不对民办高校进行足够资助，另一方面不对民办高校的教育教学质量和财务等进行有效监管，任由民办高等教育服务提供方与购买方进行交易。

第三，营利发展模式，即在政府进行有效干预的情况下，民办高校举办者通过等价交换原则向受教育者提供高等教育，除了办学成本之外，还可获得利润的发展模式。在这种发展模式下，举办者是出于经济目标，受教育者要承担一定成本，同时政府进行有效干预，分担一些成本，并确保一定的教育教学质量。

第四，非营利发展模式，即在政府进行有效干预的情况下，民办校举办者通过福利性原则向受教育者提供高等教育，除了办学成本之外，举办者不能获得利润，利润只能用于学校进一步发展所需，这种民办高等教育发展模式叫非营利发展模式。在这种发展模式下，举办者是出于社会目标，受教育者要承担一定成本，但通常低于市场价格，同时政府进行有效干预，以确保一定的教育教学质量。

不过，非营利发展模式并非一成不变，与传统的非营利发展模式相比，现代的非营利发展模式已经发生了较大变化，最明显地体现在资金来源上。传统的非营利组织资金主要来源于私人捐赠和政府补助。

第五，社会企业化发展模式。所谓"社会企业"，一般而言，是以企业化运作手段去实现社会目标的非营利组织。

民办高校以企业化运作手段，遵循福利性原则向受教育者提供高等教育，这种民办高等教育发展模式叫社会企业化发展模式。

社会企业化民办高等教育发展模式，属非营利发展模式的范畴，区别只在于，社会企业化发展模式强调以企业化运作手段来筹集办学资金，一方面使得资金来源多元化，另一方面办学资金使用效益得以提高。简而言之，社会企业化民办高等教育发展模式，即要把民办高校办成社会企业，以满足一部分人的高等教育需求。

总之，上述五种民办高等教育发展模式的关系实际上可形成一个完整的连续谱。

第二节　民办高等教育可持续发展

可持续发展作为20世纪90年代出现的一种国际理念，是当今世界关注和研究的焦点问题，尽管各国给出的定义已有数百个，仁者智者所见不同，但其基本内涵是指"既能满足当代人的需要，又不对后代人满足其需要的能力构成危害的发展"，这是一种注重长远的发展模式，它关系到人类的生存和命运。可持续发展的外延主要包括社会可持续发展、生态可持续发展、经济可持续发展。因此，作为社会子系统的教育，自身也存在着可持续发展问题。

1. 民办高等教育可持续发展内涵的辨析

就高等教育而言，可持续发展的理念包括两层含义：一是大学教育如何有力地推动全社会的可持续发展；二是大学教育如何有效地使自身获得可持续发展。前者是可持续发展教育，而后者则是教育可持续发展。也就是说，教育可持续发展与可持续发展教育是两个相互联系而又不同的概念。教育可持续发展，是以可持续发展观看教育，关注的是教育的需求、教育的公平。而可持续发展教育，则是从教育的功能或作用看可持续发展，关注的是教育对促进可持续发展和提高人们解决环境和发展问题的能力。可持续发展教育被视为改变人类可持续发展意识的动力，其基本含义是：以培养可持续发展价值观为核心，为解决可持续发展一系列实际问题而实施的教育，或者说是一种根据可持续发展需要而推行的教育，其目标是通过变革教育，以便能使"学生掌握在社区可持续生活的技能、观点、价值观念和知识"。即帮助受教育者形成可持续发展需要的价值观念、科学知识、学习能力与生活方式，进而促进社会、经济、环境与文化的可持续发展。也就是说，可持续发展教育核心是强调教育在尊重与爱护自然环境中的作用，重点是调整和重新定位教育的发展方向，使学习者养成尊重环境的价值观念，明确具体实践的手段与方法。

教育可持续发展，其内涵突出的是教育发展的"持续性"。就民办高等教育而言，"持续性"是否可能、可行，以人为本原则和公平性原则至关重要，这两个原则的界定与实施是民办高等教育可以持续发展的基础上。换言之，在法律政策制定、行政管理、学校治理和教育教学实践等诸方面着力体现这两个原则，将这两个原则贯彻落实到位，是民办高等教育可持续发展的具体目标得以实现的必要保证。

2. 民办高等教育可持续发展的能力建设支点

（1）民办高等教育可持续发展的能力建设支点之——以人为本原则

以人为本是包括民办高等教育在内的高等教育可持续发展的精神内核。高等教育是培养人的事业，以人为本、促进人的全面发展是高等教育的本质所在。

以人为本原则，就是以人为中心，突出人的全面发展，其最基本的要求就是教育优先，这是教育可持续发展的前瞻观。教育的本质是促进人类生命个体健康成长，实现生命个体由自然人向社会人的高度转化，即人的成长。

教育优先的理念是基于人的全面发展在经济社会发展中的决定性作用，教育优先的实质就是以人为本。知识经济时代，决定一个地区、一个国家发展速度、发展程度的不是物质资本，而是人力、知识资本，是人的素质和全面发展。我国经济转型所需要的创新型领军人才及千千万万高素质的劳动者，公民社会的育成，市民社会的建构，都依赖于教育事业是否以人为本并且是否能够优先发展。教育必须放在优先发展的战略地位，社会才能实现可持续发展。民办高等教育的可持续发展还包含将对教育的不断改革创新放在优先位置。从教育的理念、体制、法律政策，到教育的内容、方法、课程等的不断革新，是教育可持续发展的内在动力。这就扩大和延伸了发展的视野，是教育可持续发展的战略性对策。显然，必须以以人为本、教育优先的理念进行顶层设计，推进高等教育体制机制的改革、创新，构建全面发展、协调发展的现代教育制度、现代教育财政制度，通过公平合理的制度设置，引导向市场和民间资本流向教育，才能为民办高等教育的可持续发展提供必要条件。

教育优先对民办高校自身来说，还意味着正确的办学理念，师生是办学活动的主体，以人为本、育人为本是办学活动的轴心，高校所有的制度安排，包括法人治理结构，所有的资源配置都应该围绕这一轴心。在民办高校的多元利益相关者当中，不是"所有者利益"最高，而是人的发展、学生的成长这一目标最高。

（2）民办高等教育的可持续发展的能力建设支点之二——公平性原则

教育要公平，教育公平既包括受教育权的公平，也包括教育事业本身的公平。所谓的教育公平按教育公平实现过程，依次为起点、过程和结果公平。起点公平指受教育权和教育机会以及教育事业发展条件的公平；过程公平为受教育者和各类公益性教育机构享有公共教育资源的公平；结果公平为教育结果的质量公平。起点公平是教育公平的前提，过程公平是教育公平的条件，结果公平是目标。

教育可持续发展方针的价值观是：教育的平等发展观是对教育价值观的定位，是现代教育价值观的必然选择，是教育可持续发展的根本目的，也是教育可持续发展的能力建设支点。受教育权利是被世界人权宣言和我国宪法赋予的人之为人的基本权利。受教育权利不仅是受宪法保护的法定的平等权利，而且也是我国的《教育法》《高等教育法》的基本要求，这些法律的基本原则之一就是确立了教育的公平性、平等性，《民办教育促进法》明确规定民办高校和公办高校具有同等的法律地位，这一规定所昭示的正是教育公平原则。从这一角度看，我国对受教育平等权，公办、民办教育事业同等的立法原则是明确的，但是如何使这些权利从法定权利转化为现实权利，如何对不同阶层的社会成员受教育权及不同属性的公办、民办教育机构给予同等的法律保障，依然是个尚待解决的现实问题。

综上，民办高等教育的可持续发展是指：以人为本，落实教育优先，遵循高等教育发展的客观规律，以建立师生为本的智力生态环境为核心，以满足社会适用性人才需求为目标，以平等稳定的公共治理制度为保障，以科学合理的法人治理结构为依托，以公平合理的教育政策引导社会资金、财政资金进入民办高等教育为持续动力，以实现规模、结构、质量、效益的协调发展的教育发展理念。

第四章 民办高校教育创新的实践

第一节 民办高校教育创新路径

结合民办高校特点，民办高校教育创新可以从突出办学特色入手，结合学校资源，开展教改、课改等，具体依以下路径展开。

一、民办高校人才培养模式创新

人才培养模式是人才的培养目标和培养规格，以及实现这些培养目标的方法或手段。人才培养模式是包括人才培养目标、人才培养过程、方法的总和。民办高校人才培养模式创新，应依据学校定位、专业设置、专业面向、区域经济及产业特点，修正人才培养目标，锚定培养规格目标，配置实现资源，完善和凝练专业人才培养模式，部分完善或全面突破创新，凝练学校办学特色优势。如某民办高校人才培养目标定为生产一线主管、工长；艺术类专业人才培养目标是艺师、艺匠，面向一线，服务艺术、艺术设计工作室，以工作室模式开展辅助教学，实施教学加工作室实践教学模式。

二、教学模式创新

突破传统教与学模式，开展多样化教学创新与尝试，提升教学质量。如引进项目教学、任务教学、OBE 教学、工作站与工作室教学、现场教学、全域教学模式等。

三、实践模式创新

突破传统课程＋课内实验，课程＋实践，课程＋毕业设计模式。如尝试实践、学习再实践模式，即顶岗实践、理论教学、再实践、毕业设计模式；4+4 实践模式，即 4 小时顶岗 +4 小时学习模式；教师＋导师模式，即教师带教学＋师傅带实践模式等；实践方式包括实验室实践、工作室实践、企业实践、社会实践、项目任务实践等。

四、课程设置模式创新

传统课程设置通常包括主干课、专业课、选修课等。课程设置模式创新突破固有课程设置模式，如动态教学计划设计，突破传统，设置创新学分,学生可以在创新学分范围内因需选课或选择时间、选择训练项目;专业课程设置可依据专业研究方向设置专业必修、专业选修课程;开放学科课程设置边界,设置通识课程,如以沟通技巧、团队管理、社交礼仪、公文写作、公共关系、项目管理等课程作为跨专业自由选修课程。开放课程教学边界,开设全域学习课程,可利用社会教育资源开放课程教学,如驾驶、职业认证等课程,利用社会教育资源,学生自主自愿选择学习,学校设定成绩认定方式,如考核认证结果、驾驶证、职业资格认证等,承认学分,认可课程学习成绩。

五、考试模式创新

突破传统考试方式,引进多样性、开放型综合评价工具。如形成性考核、项目成果评估考核、分段评价加技能综合、承认国家技能鉴定成绩、竞赛优胜等多样性评价并用。

六、教师队伍管理模式创新

建立由教师、工程师、技师型、企业导师共同构成的教师队伍,开放教师、工程师、技师型、企业导师角色,鼓励跨角色任职。

七、办学模式创新

突破围墙，开放办学，拓展合作空间，共享办学资源、资本资源、教学资源等不同层次合作。开展横向联合办学，包括实现校校联合，即高校间合作，如国内高校间合作、国际高校合作；校研联合，即高校与科研院所间合作。开展纵向联合办学，包括实现校企联合，即高校与企业联合办学、联合办专业；校区联合办学，即高校与所在区域政府合作，或者高校与区域产业合作联合办学、联合办专业，或者高校与经济区域圈合作等。

八、科研管理创新

科技管理创新包括教学、科研、实践一体化创新，激励科研、激励科研转化生产力、激励科研提升实践力、激励科研推动教学力等。

第二节 民办高校教育创新路径策略选择的原则

民办高校教育创新策略选择在遵循以下原则的基础上，依据高校办学宗旨，依据学校人才培养目标、办学特点及教学资源有序地开展。

一、服务性原则

民办高校教育创新为高校办学目标服务、为人才培养目标服务、为社会人才需求服务。

二、目标性原则

民办高校教育创新目的以为夯实民办高校特色，提高民办高校办学质量，打造民办高校优势，培养符合经济发展需要的人才为目标。民办高校教育创新活动应锚定关键核心目标，推动核心目标实现。

三、差异性原则

民办高校教育创新依据学校资源特点，强化办学优势，推动办学特色形成，践行差异化人才输出市场策略。

四、市场性原则

民办高校教育创新依据客户需求即市场导向原则,以区域人才需求确定人才输出,满足市场需要人才规格要求。

第三节　民办高校教育创新常见问题及解决路径

民办高校一路走来,创新方面普遍存在以下问题:办学特色不突出,雷同于普通高校;专业设置大而全,人才培养面向不清晰;教育创新流于表面,流于条条或框框,不能形成体系;人才紧缺或人才结构不合理,创新型人力资源不足。针对以上问题思考,笔者提供如下解决路径:

1. 完善顶层设计,突出办学特色。办学避免专业大而全,突出学校专业特色,锚定人才培养目标,形成办学特色与优势。

2. 教育创新避免表面化。形成由上而下的创新体系与支持系统;形成办学宗旨,专业设置、人才面向教学与教学管理的创新体系,系统支持教育创新活动。

3. 开放人才引进路径,开放人才培养路径,完善激励机制。吸引人才进入教师队伍,留住人才夯实教师队伍,提升教师队伍素质,完善高校人才结构。

4.开放思想，开放国际交流，学习先进办学理念、办学经验，提高办学能力。创新是引领发展的第一动力。教育创新是民办高校提升教学质量、持续发展的关键。教育创新涵盖教育教学方方面面，民办高校是我国教育改革、教育发展的产物，教育创新是民办高校发展、持续发展的动力，教育创新是民办高校发展的必然选择。基于民办高校办学特点，寻求教育学科建设创新、教学实践模式创新、教育科研模式创新、人才培养模式创新、教学模式创新等创新路径进行多方探索。整合民办高校自身资源，凝练自身优势，突破现有阻碍发展的桎梏，破局提高，打造特色，夯实优势。

第五章　民办高校教育质量保障体系建设理论

民办高校虽然与公办本科高校的办学体制不同，但也是我国高等教育的重要组成部分，其办学都必须遵循高等教育规律。目前，民办高校的教学质量管理主要还处于教学质量监控阶段，要从质量监控走向质量保障，还需要理论联系实际，结合各类理论研究的成果不断探索，从而在理论指导下形成解决方案并开展实践，在实践中总结和发展理论。本章主要对民办高校的教学质量保障体系建设的相关理论进行分析和阐述，为后续民办高校的教学质量保障体系构建和实施提供理论支撑。

目前，在质量保障体系建设的理论研究方面，有系统论、控制论、信息论等理论与方法，而与高等教育教学质量保障体系建设最为相关的理论主要有"高等教育分类理论""全面质量管理理论""产出导向教育理论"等，本书重点以这三个理论为基础，把其主要思想贯彻在民办高校的教学质量保障体系的建设之中。

第一节　高等教育分类理论

20世纪下半叶，高等教育不但在数量与规模上迅速增长，在结构和形式方面也越来越多样化。高等教育的发展需要进行科学分类，从而引导高校合理定位，促进高校的多样化发展，这是高等教育大众化和普及化进程中保障本科高校教学质量必须首先面对的问题。高等教育分类理论正是在这样的背景下应运而生的，其关系到高等学校的人才培养目标和类型，与高等教育质量密切相关。对高等教育进行科学分类，有助于高等学校的合理定位，保障高校的教育质量，发挥高等教育在社会经济发展中的主力军作用。

一、高等教育分类的含义

任何高校办学都要符合高等教育规律。潘懋元先生早在20世纪80年代就提出了教育发展的内外部关系规律，即教育必须与社会发展相适应的规律（外部关系规律）和教育必须全面地协调德育、智育、体育、美育，使学生全面发展的规律（内部关系规律）。因此，高校既要实现自主发展，又要与外部进行物质和信息交换，高校的发展始终脱离不了内外部关系规律。熊志翔认为，高等教育分类是指参与高等教育系统运行的多方利益主体，根据高等教育系统内外部环境的变化和高等教育系统自身发展的需要，将高等教育系统分化成性质不同且相互联系的类型和层次，从而实现高等教育系统整体优化和多样化发展的过程。总体来说，高等教育分类具有以下三个特征。

（1）高等教育分类包括纵向和横向两个维度，纵向是高等教育的层次划分，横向是高等教育的类型划分，不同的高校均可以归属到层次和类型构成的矩阵式结构中。

（2）高等教育分类是在高校、政府、社会等多方价值主体的反复博弈中自然形成的。政府分类是政府按国家的建设目标与经济社会发展需要做出的，涉及国家的资源配置，是管理高等教育的一种方式；高校分类是高校的自我认知和定位，是高校确立发展目标的一种规划，也是一种目标追求；社会分类是关心高等教育的一种参与，是对相关高校的一种心理定位。

（3）具体高校在高等教育分类中的位置会随着高校发展而动态变化。比如原本是民办高职学院，后来"升本"了，其在高等教育分类中的位置就会发生改变；又比如原来注重研究，后来更加注重教学，随着高校办学的"转型"，高校在高等教育分类中的位置也会发生改变。

二、我国高等教育的分类

高等教育分类从根本上决定着本科院校的职能定位和办学类型，是本科院校教育质量保障的必要前提和基础。随着我国高等教育体制改革的深入和高等教育大众化的推进，我国高等教育分类主体日趋多样，分类方法更具理性。

1. 我国高等教育分类的历史回顾

1986年12月国务院颁布了《普通高等学校设置暂行条例》，其中第二条，把我国普通高等学校分为大学、独立设置的学院和高等专科学校、高等职业学校四类。1993年《中国教育改革和发展纲要》指出："高等教育的发展，要坚持走内涵发展为主的道路，努力提高办学效益。要区别不同地区、科类和学校，确定发展目标和重点。要制定高校分类标准和相应的政策措施，使各种类型的学校合理分工，在各自的层次上办出特色。"在2004年教育部下发的《普通高等学校基本办学条件指标（试行）》中，对全国高校按6种类型设定基本办学指标，这6种类型分别是：综合、师范、民族院校；工科、农、林院校；医学院校；语文、财经、政法院校；体育院校；艺术院校。

广东管理科学研究院武书连等学者参照我国的学科门类划分，结合各学科门类的比例和科研规模的大小，把我国高校分为综合类、文理类、工学类、农学类等13个"类"和教学型、教学研究型、研究教学型、研究型4种"型"，每所高校均可以归属到由13个"类"和4种"型"构成的坐标中。

武汉大学中国科学评价研究中心邱均平等学者以教育部《普通高等学校基本办学条件指标（试行）》文件为依据，把全国高校分为综合大学、理工院校、农林院校、医药院校、师范院校、文法院校（语文、财经、政法院校）、艺体院校（体育、艺术院校）、民族院校8种类型。

2016年，浙江省从人才培养、学科建设、科学研究、师资队伍等因素和学科门类、专业大类及专业数量两个维度将本科高校分为6种类型，即综合性研究为主型、综合性教学研究型、综合性教学为主型、多科性研究为主型、多科性教学研究型、多科性教学为主型，并按照该分类，对相应的高校进行业绩考核，将考核结果与教育经费划拨挂钩。

2. 我国高等教育的不同分类方法

（1）按学科设置特点分类。按学科设置特点分类有两种方法：一种是根据高校设置的学科数量的多少,把高校分为综合性、多科性或单科性;另一种是根据高校设置专业的主干学科进行分类,把高校分为综合类、文科类、理工类、农林类、医药类等。

(2)按建设目标和发展水平分类。按建设目标和发展水平进行分类,可以将我国高校分为"世界一流大学""国内一流大学""区域一流大学""985工程大学""211工程大学"等。

(3)按建校时间分类。按建校时间分类,可以把我国高校分为"老校""新建院校"。当前,把2000年以后设立的本科院校统称为"新建本科院校"。

(4)按隶属关系分类。我国常常按隶属关系对高校进行分类,把我国高校分为部(委)属高校、省属高校、市属高校等。

(5)按办学经费主要来源分类。按办学经费主要来源进行分类,可以把我国高校分为公办高校、民办高校。目前我国还出现了混合所有制高校。

(6)按学位授予资格分类。按高校的学位授予资格进行分类,可以把我国高校分为博士学位授予资格高校、硕士学位授予资格高校、学士学位授予资格高校、无学位授予资格的高职院校。

（7）按颁发文凭的系列进行分类。根据颁发文凭的系列不同，我国高校可分为普通高等院校和成人教育院校。

（8）按科研规模分类。按科研规模可以把我国高校分为教学型、教学研究型、研究型、研究教学型等高校。

三、我国民办高校的定位

经济社会发展对人才的需求是多方面多层次的，有对研究型人才的需求，有对应用型人才的需求，也有对技能型人才的需求，即使同是对应用型人才的需求，也有对高端应用型人才、中等应用型人才与一般应用型人才的需求之分。一所大学不大可能同时培养不同类型、不同层次的人才，因此，不同类型和层次的人才往往就需要由不同的高校进行培养。

关于民办高校的发展定位问题，2015年教育部、国家发展改革委、财政部联合发布了《关于引导部分地方普通本科高校向应用型转变的指导意见》，针对我国高校办学同质化倾向严重、毕业生就业结构性矛盾突出等问题，作出了引导部分地方本科高校向应用型转变的决策部署。而民办高校既属于地方本科高校，又大都是新建本科高校，适应经济社会发展需求是其生存之本,因此,"应用型"也应当成为民办高校的基本定位。

应用型本科高校一般具有以下共性。①培养目标:以培养技术应用型、复合型人才为主,②培养层次:以培养本科生为主,在条件具备时也可以培养专业硕士、专业博士。③服务面向:以面向地方为主,主要为地方服务。④培养模式:大力推进产教融合与实践教学,突出产学研合作的办学模式。⑤教学与科研:以教学为主,同时也要开展研究,但主要是开展应用性、开发性的研究。

民办高校是应社会发展需求而生的,又因其"体制外"的特征,使得其"市场性"更为突出,民办高校要在激烈的市场竞争中生存和发展,必须走特色发展之路。"教学为主型"和"培养应用型人才"是当下民办高校的总体定位,这个定位决定了民办高校本科教学的定位,其本科教学质量的目标必然不同于其他类型的本科高校,当然,即使是同样定位在培养应用型人才的教学为主型高校,其本科教学质量目标也不尽相同,每一所教学为主型的应用型民办高校除了具有应用型本科院校的共性外,还应根据所在地方的经济社会发展需求,根据其本身的历史积淀和办学状况,确定各具特色的本科教学质量目标,彰显其个性特色。

第二节　全面质量管理理论

全面质量管理是 20 世纪 60 年代出现的现代质量管理理论和方法，是继质量检验阶段、统计质量控制阶段后的第三代质量管理理论。

一、全面质量管理的概念

20 世纪 60 年代，美国通用电气公司总裁费根堡姆就认识到综合的质量举措的重要性，他发现产品和服务的质量受到他所谓的 9M 因素的影响，即市场、资金、人员、动机、管理、材料、机器和机械化、现代信息方法以及不断提升的产品要求，在此基础上，他提出了"全面质量控制"这一术语，构建了一种全新的质量管理体系，即全面质量管理。1961 年他在《全面质量管理》一书中首先提出了"全面质量管理"的概念，全面质量管理是为了在最经济的水平上并考虑充分满足用户要求的条件下进行市场研究、设计、生产和服务，把企业内部各部门研制质量、维持质量和提高质量的活动构成一体的一种有效体系，他认为：首先要考虑成本和用户需求，离开成本谈需求是没有意义的，质量应当是"最经济的水平"和"充分满足用户要求"的完美统一。其次，质量管理涉及市场研究、设计、生产、服务全过程，不仅仅是产品的制造过程。再次，质量管理要运用多种方法和手段，单一的统计方法是不行的。最后，质量管理要调动企业内部各部门人员的积极性，需要全员全过程参与。

费根堡姆的全面质量管理思想提出来以后，以戴明为代表的一批援日专家首先把全面质量管理思想从美国引入日本，并在日本企业中宣传和推广，使日本企业取得了巨大的成功，赢得了"日本制造"的世界美誉。20世纪80年代，全面质量管理迅速风靡美国和全世界，得到了全世界的广泛认可。全面质量管理理论经戴明、朱兰等一大批管理学家的发展，逐渐形成了一个丰富的理论体系，也形成了一套以质量为中心的、综合的、全面的管理模式。

二、全面质量管理的基本方法和工作程序

在费根堡姆思想的基础上，美国质量管理学家戴明提出了全面质量管理的基本方法和工作程序，即"PDCA循环"，也称"戴明环"。他认为质量管理工作流程就是计划（Plan）、实施（Do）、检查（Check）、处理（Action）四个阶段周而复始地进行。PDCA四个阶段又可以分为八个步骤。

第一阶段是计划阶段（Plan），就是围绕目标的实现，制订相应的工作计划。而要制订一个好的计划，一般要经过四个步骤：第一步，全面收集整理与实现"目标"有关的各种资料和信息，获得的信息越充分、越全面，制订的计划可行性就越强；第二步，对收集的资料、信息和数据进行整理和分析，找出存在的质量问题，分析产生问题的原因；第三步，确定计划与行动的目标；第四步，制订行动计划，明确相应的措施。在进行第四步时，一般要厘清"5W1H"问题，即制定这些措施的原因（Why）、采取这些措施要达到的目标（What）、在什么时间执行（When）、到哪儿去执行（Where）、由谁去执行（Who）、用什么方法执行（How）等六个问题。第二阶段是实施阶段（Do），对应第五步，即执行计划。第三阶段是检查阶段（Check），对应第六步，即检查评估计划的执行效果。通过各种检查与评估，将实施的结果与计划中预定目标进行对比，如果发现偏差，就要认真分析产生偏差的原因。第四阶段是处理阶段（Action），这一阶段主要包括两个步骤，即第七步和第八步。第七步是总结经验与标准化。通过第六步的检查与评估，对行之有效的措施和方法及时进行总结，并通过制定相应标准和制度等形式加以固化，为今后的工作提供借鉴。第八步是针对尚未解决的问题和产生的偏差，制定相应的整改措施，在下一个循环中进行改进。第四个阶段是整个 PDCA 循环的关键，因为这一阶段是总结经验、修订制度、制订标准的阶段，也是吸取教训、找出差距、制订整改措施的阶段，是下一个更高循环的基础。

三、ISO9000 质量管理体系

费根堡姆的全面质量管理思想的不足是缺乏统一的标准和对企业质量进行具体评价的能力，无助于国际贸易和经济技术合作。全面质量管理从一种管理哲学发展到具体操作层面，再到进行规范化、程序化运作的阶段，是从 1987 年国际标准化组织（ISC）把全面质量管理基本内容和要求加以标准化，并颁布了 ISO9000 系列标准开始的。

ISO9000 质量标准体系全面吸收了全面质量管理的理念，提出了以顾客为关注焦点（强调顾客的需求，高质量就是顾客的高满意度）、领导作用（强调领导在推进质量管理中的作用）、全员参与（强调质量管理人人有责）、过程方法（关注输入、生产、输出全过程）、管理的系统方法（质量管理要运用多种方法）、持续改进（质量管理的目的）、基于事实的决策方法、与供方互利的关系等八项质量管理基本原则。将应用于企业的 ISO9000 族质量标准体系引入教育领域，在世界范围内已有尝试，如美国在20世纪90年代就有几百所高校采用该标准建立了质量保障体系。我国有一些学校或教育机构也相继通过了该质量认证，如大连海事大学、上海海运学院、集美大学航海学院、河北大学等。然而ISO9000族质量标准体系毕竟主要是针对企业的，而企业的认证体系与指标很多是不能直接适用于培养人的教育领域的，必须进行改造，建立起适用于学校的一套质量标准体系。但其八项质量管理原则和质量保证体系的框架是值得高校在建立教学质量保障体系时加以借鉴的。

四、全面质量管理的基本原则

2000版ISO9000标准在总结各国质量管理活动和质量管理专家智慧的基础上，提出了全面质量管理的八原则；美国卓越绩效准则中提出了追求卓越绩效应遵循的十一条核心价值观。但无论用何种语言，全面质量管理都离不开以下三大基本原则：

1. 聚焦于顾客和利益相关者

顾客和利益相关者是质量好坏的首要判断者。质量管理的目标就是最大限度地满足顾客和利益相关者的需要，顾客在选择、购买、使用和接受服务的过程中会涉及很多方面的因素，这些因素均会影响到顾客的价值判断和满意度。因此，企业不仅要根据产品本身规格描述生产出达标的产品，减少次品或废品，而且还要接待顾客，向顾客介绍产品，或处理顾客投诉。更重要的是，企业需要深入了解顾客的需求，设计和生产出能够让顾客欣喜或满意的产品，并且能够根据顾客需求的变化，及时调整产品或服务特性，以最小的成本满足或超越顾客的期望。另外，员工和社会代表着重要的利益相关者。注重全面质量管理的组织必须展示出对雇员的承诺，提供发展和成长的机会，提供正常的薪酬系统之外的认可，分享知识并鼓励冒险。将社会视为利益相关者是世界级组织的特征，企业伦理、公众健康安全、环境以及社区和专业支持都是企业社会责任中必须包括的内容。

2.强调组织中每个成员的参与和团队合作

在一个组织中，对于产品质量的好坏，尤其是生产产品的各个环节的状况和应该如何加以改进等方面，最清楚的就是处于该生产链和生产过程中实际从事这项工作的人。基于这样的认识，要抓好质量管理，应当允许组织中的每个成员参与到质量建设过程及其决策过程中，参与的形式可以是个人直接参与、团队参与或推选代表参与，总之，要鼓励全员参与质量管理和决策。另外，还要强调组织成员的团队合作，相互配合十分重要。团队合作还需要关注顾客—供应商关系,鼓励全体员工来发现系统性的问题,尤其是那些跨部门的问题,这些都有助于持续改进产品质量。

3. 坚持过程导向和持续改进

旨在实现某种结果的一系列活动便称为一个过程。全面质量管理强调过程导向,不但注重过程管理,还注重组织活动中涉及跨越传统组织边界的过程,这些过程将所有必需的活动连接起来,提高组织成员对整个系统的全面认识,改变只看到某个局部的现象,坚持过程导向就是质量管理必须要关注全过程,而不是只关注局部。持续改进是全面质量管理的重要思想。持续改进不仅包括细小的逐步的改进,也包括突破性的巨大而快速的改进。持续改进的基本方法和程序就是PDCA循环。麻省理工学院的教授彼得·圣吉强调:"长期来看,卓越的绩效取决于卓越的学习。"建立学习型组织,以"学无止境"的态度对待质量管理,不断总结和反思,并不断修正工作计划和方案,从而实现持续改进。

五、全面质量管理的基本要求

根据我国企业全面质量管理的实践,我国的质量管理专家总结了"三全一多"的基本要求。

1. 全过程的质量管理

产品质量从市场研究到设计，再到生产、销售和服务，是由多个相互联系、相互作用的环节构成的，每一个环节都会对产品质量产生影响，因此，质量管理不光是生产制造过程，还要抓好其他各个环节。要着眼于质量形成的全过程，实时监控质量生成的各个环节和各个要素，构建一个贯穿全过程的综合的质量管理体系，有预防、有检验、有改进。

2. 全员的质量管理

产品或服务质量是企业各部门、各环节工作质量的综合反映，组织中任何一个人的工作都会不同程度地直接或间接影响产品或服务的质量。因此质量管理需要激发全体员工参与的积极性，让每个员工都为质量负责。首先，要加强对员工的教育和培训，提升员工的质量意识，让每个员工都明白，自己在产品或服务质量形成中的作用，切实负起责任。其次，要对员工授权赋能，发挥员工的聪明才智，使员工能主动去发现问题，改进问题。再次，要照顾好自己的员工，进而才能照顾好顾客。最后，要鼓励团队合作，各部门与各环节之间加强沟通协调，确保整体质量。

3. 全组织的质量管理

全组织的质量管理其实就是上下层级之间与同级部门之间的质量管

理。从纵向上说,全组织的质量管理就是要求组织各管理层级都有明确的质量管理活动内容,各层级的质量管理职责要明确,比如上层管理重决策,中层管理重执行,基层管理重落实。从横向上说,全组织的质量管理就是要求各职能部门与各环节之间既要充分做好本职工作,各司其职,又要加强沟通与协调,使组织的研制、维持和改进质量的活动构成一个有效的整体。

4. 多方法的质量管理

影响产品或服务质量的因素多种多样,各环节产品或服务质量的表现也各不相同,随着科技的发展,对产品质量和服务质量提出了更多更高的要求,要更好地检测、控制这些影响因素,必须灵活、广泛地运用多种多样的现代化管理方法和手段。当前,全面质量管理中常常使用的工具和方法主要有七种:统计分析表法和措施计划表法、排列图法、因果分析图法、分层法、直方图法、控制图法、散布图法。此外还有六西格玛法、业务流程再造等新方法。

20世纪80年代以来,高等教育质量成为世界高等教育改革的中心议题。从20世纪80年代末开始,许多高校尝试把企业的全面质量管理的理念和方法应用到学校的质量管理中来,逐步掀起了一场世界范围内的高等教育质量保障运动。全面质量管理的思想和理念,给高等教育质量保障体系的建设奠定了理论基础。

第三节 产出导向教育理论

产出导向教育,又被称为成果导向教育,是一种先进的教学理念。20世纪80年代美国等西方国家受经济危机的影响,公共财政缩紧,社会公众开始关注高等教育经费支出及其效益,更加关注教育投入的回报与实际产出的现实需要,成果导向教育就是在这样的背景下产生的。

一、产出导向教育的概念

产出导向教育(OBE)理论的核心思想有三个:产出导向、以学生为中心和持续改进。这也是工程教育认证的三个基本理念。产出导向教育的关键是开发设计一系列的学习产出,在教育系统中创造条件和机会,鼓励所有学生去实现这些基本产出(成果)。

二、产出导向教育理论的主要内涵

为了使大家更好地理解和实施产出导向教育,OBE 的提出者 Spady

在其1994年的著作中提出了OBE金字塔结构，形象地把产出导向教育分为五个方面：一个操作范式、两个关键目的、三个关键前提、四个操作原则和五个实践步骤。

1. 一个操作范式

"一个操作范式"意为在实施OBE伊始就要有一个愿景和框架。OBE秉承这样一种观点，即学生学习什么和是否成功比何时以及如何学习更重要。从更广泛的角度来看，学校教育的定位需要一个根本性的转变，即学校如何运作，使"取得产出"比简单的"提供服务"更重要，在OBE范式中，隐含的目标是使所有学生都能成为真正成功的学习者。

2. 两个关键目的

"两个关键目的"反映了其"使所有学生和员工取得成功"的基本理念，一是确保所有学生在完成学业后都具备成功所需的知识、能力和素质；二是组织和运营学校，使所有学生都能最大化获得这些产出。

3. 三个关键前提

两个关键目的的实现取决于"三个关键前提"，即：①所有的学生都可以学习和成功，但不是在同一天内、以同样的方式；②成功的学习会促进更成功的学习；③学生学习是否成功受到学校的工作与条件的直接影响。

4.四个操作原则

四个操作原则是 OBE 的核心，几方面共同作用，构成了学生和教师取得成功的条件。

（1）精准聚焦原则。即要把重点放在所有学生在其学习经历结束时能够把事情做成功的基本要素上，即知识、能力、素质的基本要求等，这一原则是四个原则中最重要和最基本的，是整个产出导向教育实施的基础。第一，这些基本要素明确后有助于教师绘制一个学生学习发展的蓝图。第二，这些事先明确的基本要素是教学计划和学生是否成功的评估标准。第三，对这些基本要素的清晰描述是课程、教学、评估计划和实施的起点，所有这些都必须与目标结果完全匹配（或一致）。第四，课堂教学过程从第一天开始，学生和老师作为合作伙伴共同努力，一天一天逐步实现一个可见和明确的目标，也充分体现了 OBE 的"产出导向教育"理念。

（2）扩大机会原则。即扩大学习成功的机会并提供支持。OBE 理念中的机会可以从时间、方式方法、操作原则、考核标准、课程设置与结构五个维度来理解。学校和教师要为学生的个性化发展提供条件和帮助，不要求所有的学生都在同一时间和以同一种方式完成学习，学得快的同学可以加快进度，学得慢的同学也可稍慢一点，在允许的范围内为学生留出足够的学习时间和提供支持的教学时间，对学生的考核标准也可以不一样，要用弹性的方式和时间安排（自己选择课程、授课教师、上课地点、上课时间等）支持学生的个性化发展。

（3）高期望原则。即对所有人成功的高期望。高期望意味着提升学生面临的挑战的水平，提高他们必须达到的称之为"成"或"成功"的可接受的表现标准。首先，提高学生已完成或已通过工作的标准，使学生的最低标准逐步提高。其次，采用基于标准的系统，给每个学生都能够或应该成功的期望。最后，淘汰低水平的课程，增加高水平的课程，鼓励学生在更具挑战性的学习水平上取得更高的成绩。

（4）反向设计原则。即从学生的最大可能实现的最终产出出发，反向设计课程和教学计划。反向设计原则将产出分成三类：最终产出（希望所有学生在正式学习经历完成后能够做什么，如培养目标与毕业要求）、使能产出（是实现最终产出的基石，如阶段性产出、课程产出）、离散产出（对最终产出的实现并不重要的产出）。反向设计有两条"黄金法则"：第一，从重要的最终产出开始设计，以确定它们所依赖的使能产出；第二，替换或删除对最终产出不重要的使能组件的离散产出，第一条规则要求从终点出发来确定需要建立哪些关键组成部分和学习的构建模块（课程模块），以便学生能够成功到达终点。第二条规则要求教育者必须愿意替换或消除其现有计划中并非真正有利于实现产出的部分。因此，设计过程中的挑战既有技术上的——确定真正构成最终产出的基本要素；也有情感上的——让员工愿意消除熟悉、喜爱但不必要的课程细节。

5.五个实施步骤

五个实施步骤分别是定义产出、设计课程、实施教学、记录产出、确定进步。

第一步，定义产出。最终学习产出既是OBE的终点，也是其起点。OBE首先要确定学习产出，学习产出表述要清晰可检测，最终学习产出的确定要充分考虑学生、家长、教师、学校、政府、用人单位等利益相关者的要求与期望。

第二步，设计课程。学习产出就是知识、能力和素质的习得，而这些产出的获得都依赖于课程学习。因此，课程体系构建对学生最终达成学习目标、实现产出至关重要。在设计课程体系时，每一种知识、能力和素质都应该有相应的课程支撑，每一门课程具体介绍哪些知识、培养哪些能力、提升哪些方面的素质都要明确，使学生学完课程后就能达到预期的目标。

第三步，实施教学。OBE 更重视学生的"学"，而不是教师的"教"，强调个性化学习，每个学生的学习内容可以不一样，学习进度可以不一样，学习时间可以不一样，学习产出的获取方式可以不一样，强调因材施教。教师的作用是为学生的学习创造条件和机会，为学生的个性化学习提供咨询和服务。教师要准确把握每名学生的学习基础、学习目标和学习进程，制定不同的学习支持方案，为学生提供不同的学习机会和条件。

第四步，记录产出／自我评价。OBE 的教学评价聚焦在学习产出上，学生和教师要及时记录学习产出，并进行自我评价。OBE 不强调学生之间的比较，而更强调对自我的挑战。教师对学生的评价采用多元和多梯次的评价标准，不拘泥于学生取得产出的时间和方式，更强调达成学习产出的内涵和个人的学习进步，根据学习目标的达成度，做出相应的等级评定。教师要对每个学生进行针对性评价，及时掌握学生的学习进度和状态，适时改进教师的教学和学校的管理。

第五步，确定进步持续改进。学生为达成最终的学习产出，确定了不同阶段的学习目标，这些从低到高、从初级到高级的目标形成了学习发展的蓝图，学生结合不同阶段所取得的产出，对照"蓝图"进行自我评价，清楚掌握自己的进步状况，对自己的学习方式、方法、进度等进行适时调整，持续改进，从而一步一步实现最终的目标。

三、产出导向教育理论的应用

产出导向教育理论（OBE）经提出后，在美国、德国、英国、加拿大等国家进行了多年的实践，已经成为国际上的一种先进的教育理念，国际工程联盟（IEA）的三大协议（《华盛顿协议》《都柏林协议》《悉尼协议》）和欧洲工程教育专业认证体系（EUR-ACE）的质量评估实践全面采纳了这种理念，质量评估的重点从关注教育投入转移到关注教育产出（成果）的评价上。国际高等教育质量保障联盟、欧洲高等教育质量联盟也把"学习产出"或"毕业生能力"作为高等教育质量评价指标体系的重要指标之一，并把学生和用户的"两个满意度"作为评价的重要支撑依据。我国于2013年成为《华盛顿协议》的正式签约国，至今已有上百所高校数百个工科专业自愿要求接受工程专业认证。我国制定的国际实质等效的，基于产出导向的质量认证标准，极大地调动了高教战线对工程教育改革的热情，极大地促进了工程教育质量的全面提升。

联合国教科文组织1998年10月召开的首届世界高等教育大会《宣言》中明确指出"高等教育需要转向，以学生为中心，的新视角和新模式，国际高等教育决策者应把学生及其需求作为关注的重点，把学生视为教育改革的主要参加者"，并预言"以学生为中心"的新理念必将对21世纪的整个世界高等教育产生深远的影响。

第六章 民办高校教育质量保障体系的构建

高校内部质量保障体系的核心是教学质量保障体系，正如人才培养职能是高校最主要的职能。就教学质量而言，高校并没有公办与民办之分，更没有民办高校的教学质量就一定不如公办高校之说，民办高校的教学质量完全可能超越公办高校的教学质量。然而，不同层次、不同类型的高校因为办学定位与办学目标的不同，对于人才培养的质量标准便不同，其质量保障体系也必然有所不同。即使是同一层次和同一类型的高校，因为其办学基础、办学条件、办学体制、办学特色等不同，其教学质量保障体系也会有所不同。但个性之中蕴含着共性，本章针对民办高校这一特定类型的高校，探究其教学质量保障体系的共性，并试着构建起能够在理论上立得住脚，在实践中可以尝试并产生实际效用的教学质量保障体系。

第一节 民办高校教学质量保障体系的构建原则

根据高等学校教学质量保障体系建设的有关理论，结合民办高校办学的实际，确定民办高校教学质量保障体系构建的四个基本原则，具体如下：

一、以学生为中心原则

以学生为中心的教育思想古已有之，然而由于班级教学制的提出、工业革命的影响、中国的特殊国情等原因，近代以来的教育逐渐偏离了"以学生为中心"的理念。随着互联网和信息技术的发展，学生学习的途径和方式越来越多样化，使学习可以不受时间、地点和条件等制约，学生的学习自由度和选择权得到了最大化的体现。建构主义理论认为，学习是一个意义建构的过程，是学习者通过新、旧知识经验的相互作用来形成、丰富和调整自己的认知结构，从而实现"不断生长"的过程。学习成果不是教师"教"出来的，而是学生自主建构的结果。在教学过程中，如果学生不想学，教师教得再好也没有效果，不是"有所教必有所学"，更不是老师教多少学生就学多少。因此，教学过程只是教师帮助学生学习的过程，翻阅众多的关于教学质量保障体系的研究文献，大多还停留在制度、规范、评估与测量的层面，只是把传统的教学管理工作按一定的逻辑"串联"起来，缺少新的教育理念与思想的灵魂，更多的还是强调教师怎么"教"以及"教"的条件建设，很少有从学生"学"的方面去思考应如何保障的。因此，当下教学质量保障体系的建设要坚持"以学生为中心"的理念，实现以"教"为中心向以"学"为中心转变，从保障教师的"教"及其条件建设转向保障学生的"学"及其学的条件建设上来。

二、产出导向原则

产出或成果，也就是学生学习产出。美国教育评价标准联合委员会（JCSEE）认为，"学生学习产出是对学生特定学习的期望，即学生在特定的学习、发展及表现等方面将会获得的各种结果。也就是说，学生学习产出描述了我们对学生学习的期待——学生在完成课程、专业等学习或取得学位之后，应该知道什么、理解什么，以及运用所学知识能够做些什么，通常包括：知识与理解力（认知）、实际技能（技能）、态度与价值观（情感）及个体行为"。产出导向是目前专业认证中的重要理念，它着眼于每个学生的成功，因材施教，根据社会需求确定学生的毕业要求，并依此反向设计课程和教学计划，使学生由低到高，不断改进和提升，逐步实现最终目标。坚持产出导向原则，就是教学质量保障体系建设要以产出导向教育理论为指导，以学生为中心，关注学生的学习产出（成果），给学生的学习创造良好的条件。

三、全员参与原则

高校教学质量涉及学生、教师、学校管理者、家长、用人单位、政府等众多利益相关者，民办高校教学质量保障体系的建设要坚持全员参与原则，一方面是指要充分发挥这些利益相关者的作用，使这些利益相关者都成为教学质量保障体系的责任主体。而另一方面，对于一所民办高校的教学质量保障体系建设而言，全员参与原则更是要求学校各个职能部门及其管理干部和管理人员、各个教学单位的管理者、教师和学生，要全员、全方位、全过程参与教学质量保障体系的建设。教学质量保障体系是一个大系统，而系统的运行是要由"人"来推动的，因此，学校要树立"教学质量人人有责"的观念，激励每个教职员工参与并按照教学质量保障体系的要求去实现教学质量。

四、持续改进原则

构建教学质量保障体系的目的就是实现教学质量的持续改进。ISO质量标准中"持续改进"的定义是"增强满足要求的能力的循环活动",要达到满足顾客(学生、用人单位等)要求、提高顾客满意度的目的,就需要学校做出努力,持续提高自身组织及全体教职员工的能力,以不断增强竞争优势。同时我们还要认识到顾客与其他利益相关者的需求和期望是在日益增长的,要持续达到满足顾客要求、提高顾客满意度的目的,并持续增加利益相关者满意的机会,民办高校要持续改进自身及全体教职员工的工作,提高教育教学服务的质量,并把它作为质量保障体系的追求。持续改进是永无止境的。教学质量保障体系就是要利用质量目标、质量标准、内外部评估、数据分析、纠正和预防措施以及各类管理评审活动等评价的结果及其决定采取的措施,促进学校教学质量保障体系的持续改进,从而不断提升教学质量持续改进的可能和机会是无处不在的,在建立、实施、保持和持续改进教学质量保障体系的过程中要坚持不懈地开展下去,把它作为学校永恒的追求。

第二节 民办高校教学质量保障体系的组织设计

教学质量保障活动的有效开展，必然需要一个稳定的组织架构来支撑，教学质量保障体系的构建必然离不开教学质量保障体系的组织设计。组织是由两个或两个以上的个体为了实现共同的目标而结合起来的一个社会体。组织成员、组织目标、组织结构是组织的三个基本特征，组织成员要实现共同的组织目标，必须有相应的组织结构保证。组织结构是为了实现组织目标，在统一指挥和分工协作的基础上建立起来的责权关系，而不同的高校有不同的办学愿景和使命与不同的战略目标，因此，其实现战略目标的组织结构必然也会不一样。教学质量保障体系要有效运作必须建立相应的教学质量管理组织。本节主要介绍民办高校教学质量保障体系组织设计的一套完整方案。

一、按质量生成过程设置必要的职能部门

每所民办高校都已存在一定的组织结构，在建立和实施教学质量保障体系的过程中，要根据教学质量管理体系所必需的过程和要求，进行一次职责、权限和相互关系的再确定工作。

工业产品的质量生成过程可分为以下几个过程：一是营销部门根据市场需求提出新产品，明确新产品的原设计及各种可靠性参数（即功能与特性）；二是设计部门根据营销部门提出的产品及其功能需求设计新产品，设计加工制造工序及初始成本，制定质量标准（新设计控制）；三是采购部门根据新产品设计所需采购材料与零部件（进厂材料控制）；四是生产部门按照设计好的加工制造工序进行生产（产品控制）；五是销售部门销售合格产品并进行售后服务（售后控制）。

我们模仿工业产品的质量生成过程，把人才培养看作生产人才"产品"，第一个过程就是新产品原设计（规划）过程。主要任务是开展市场需求调研，做好专业设置规划与人才培养目标定位，可设置发展规划处。第二个过程是新产品设计过程。主要任务是制定专业标准与课程标准，可设置教务处（教学科）。第三个过程是采购生产材料。主要任务是招生，用最经济的成本招收到尽可能优秀的学生，可设置招生办公室。第四个过程是生产过程。主要任务是培养人才。这个过程里要请最有经验的"师傅"、利用较好的"机器设备"、创造最好的"生产环境"进行生产。

可设置二级学院和教务处、学生处、人事处、设备处、后勤处等职能部门。第五个过程是销售，可设置就业指导处。

二、明确各职能部门的质量职责

人才培养是高校首要和核心的职能，高校里设置的每一个组织都要为人才培养服务。按照全面质量管理的理论，教学质量保障体系是一个全员、全方位、全过程参与的体系。质量组织的任务就是使教学质量保障体系运转起来，并把学校的全体人员纳入教学质量保障体系的框架之中，即"质量管理，人人有责"。

首先要明确教学质量第一责任人意识。对于整个学校来讲，校长是教学质量的第一责任人；对于一个二级学院来讲，院长是教学质量的第一责任人；对于一个职能部门来讲，部门的负责人是教学质量的第一责任人。实际上这遵循一个逻辑：学校领导班子承担基本的质量职责，是教学质量保障体系的核心，然后把质量职责的一部分下放给一些职能组织，比如教务处、学生处、人事处、后勤处、财务处以及质量控制等部门，另一部分下放给各个二级学院。当然，随着经济社会和科技的发展，所有这些部门之中的每一个工作人员对人才培养所要承担的主要职责也在不断增加。

其次要明确设计与规定各职能部门和学院所要承担的教学质量职责。比如,教务处要承担教学管理和运行的职责;学生处要承担学生思想教育、生活指导等职责;人事处要承担教师引进与培养职责;后勤处要承担教学条件建设和完善的职责;财务处要承担各项教学经费支持职责等。

三、设置一个综合的质量管理机构

"质量管理,人人有责"往往最终会变成"质量管理,无人负责"。在企业的质量控制体系中还有一个"专题研究"的过程,这个过程是为了确定产生废品或不合格品的原因,查明改进质量特性的可能性,以及确保持久而全面地执行改进措施和纠正措施而进行的调查研究和试验,在企业里一般设置质量控制部门来负责这项工作。对于高校也一样,有必要专门设置一个综合性的质量管理机构来帮助和衡量各职能部门和学院的教学质量职责。

目前民办高校的规模均比较大,学校领导虽然作为教学质量保障体系的核心,但不可能把自己作为一个综合性机构来独立行动,所以要设置一个组织机构,作为全面质量管理的枢纽点,用来提供合乎要求的综合控制。设置一个诸如教学质量监控与评价中心的质量管理机构,并不是解除学校其他部门和人员所应承担的质量职责，因为他们最有资格履行这些职责。设置综合的质量管理机构的目的是协调分散在各部门各学院的有关质量建设的工作，通过这种组织机构的综合和控制作用，使教学质量保障体系有了一个组织机构的核心，产生学校整个质量管理的效果实现的效应。

综合的质量管理机构一般有三个职责：一是对学校的人才培养工作、成本控制、质量计划等方面做出重大的和直接的贡献，而不仅仅是质量问题出现后才反映问题的质量管理；二是加强对于专业设置与质量标准制定、招生、人才培养过程、就业指导等全过程的教学质量保障体系建设的领导；三是依靠一定的技术（如问卷、统计分析、管理软件等）来开展主要的质量评价和控制活动。

四、完善教学质量保障的组织结构

教学质量保障组织功能的发挥取决于组织结构，按照组织结构理论，一般有直线职能制、事业部制、矩阵制等组织结构。目前高校一般都有成熟的直线职能制组织结构，教学质量保障体系的组织不可能脱离这样的组织结构而另起炉灶。事实上，如上文所述，各个职能部门既是学校的行政管理组织，同时也是教学质量管理组织，都担负起相应的质量保障职责。但要建设教学质量保障体系，有必要设置专门的质量管理部门来对全校的教学质量保障工作进行协调、综合和控制。这个质量管理部门应当与其他职能部门处于平级的位置，与其他职能部门一样向学校领导汇报工作，通过上层管理组织（学校领导）并借助于"各部门质量管理关系表"来统筹协调和落实相应的工作职责。其作为一个质量管理的职能部门，相应地与其他职能部门一样，既是学校高层的参谋咨询部门，也是贯彻落实上层布置的任务的执行部门，也需要建立起自己的工作体系与网络。在设置二级学院的民办高校中，二级学院也应该设立相应的质量管理部门。在目前的实践中，二级学院一般也设有督导组，可以把部分质量职责集中到二级督导组，由此与学校质量管理部门建立起条线的直线职能关系，正如二级学院教务办对应学校教务处、二级学院学工办对应学校学生处一样。

校长办公会议是民办高校教学质量管理的决策机构，主要依据学校的办学定位与人才培养目标进行决策。教学质量保障工作委员会与教学工作委员会是校长办公会议的决策辅助组织。教学质量保障工作委员会主要是负责对教学质量保障方面的事务进行领导与决策，比如开展教学质量评估、教学质量信息反馈、审核教学质量报告等；教学工作委员会主要是对教学建设与改革、教学的行政事务进行领导与决策。

教学质量管理部门（如教学质量监控与评价中心）是学校教学质量保障体系建设的核心机构，执行校长办公会议决定，负责拟定和协调全校各部门的质量职责，并进行监控和评价；组建校级督导工作委员会，建立校院两级督导工作机制，收集全校的教学质量信息，并及时向各部门反馈质量信息，及时指导各部门采取措施加以整改；组建教学评估专家组，开展对专业建设、课程教学、实践实训等教学质量的定期和不定期评估，对外向社会公布教学质量信息，提供质量保证，对内向教学管理部门决策提供改进意见和建议。

学校教务处是学校教学管理的核心机构，执行校长办公会议决定，负责领导和协调全校的教学管理工作。学校各职能部门在教务处的协调下，各自承担自己职责内的本科教学相关管理职责（比如实验教学中心、设备处、后勤处、人事处、学生处等）。教务处直接领导各学院的本科教学管理工作。

各学院是教学（质量）管理的最基层责任部门，全面负责本学院的本科教学（质量）管理的计划、组织、领导和控制工作。

第三节 民办高校教学质量保障体系的基本模型

教学质量保障体系建设是一个系统工程,教学质量是由方方面面的因素共同相互作用而形成的,是一个复杂的系统。就像ISO9000质量标准体系一样,教学质量保障体系虽然是一个庞大的复杂系统,但也必须化繁为简,建立一个易于操作的理论体系。本节以高等教育分类理论、全面质量管理理论、产出导向教育理论等理论为指导,从民办高校的办学定位与本科教学质量目标出发,试着建构民办高校的教学质量保障体系的理论模型。

一、SOAC教学质量保障体系模型概要

教学质量保障体系是为确保并有效提高教学质量而建立的一整套系统。而"系统是由相互作用相互依赖的若干组成部分结合而成的,具有特定功能的有机整体"。因此,教学质量保障体系要运用系统论、控制论、信息论等技术与方法,将教学质量看作具有结构化的系统,着重分析形成教学质量的全部因素,并将这些因素按照不同的性质、功能、作用方式等加以结构化、序列化,人为构造成一种可观测、可分析、可统计、

可量化、可操作和可控制的管理系统。

该体系突出"以学生为中心"的质量管理理念，强调以学生的学习产出（成果）为导向，贯彻全面质量管理理念，充分调动和发挥学校领导、管理人员、教师、学生、家长、企业等主体的积极性，全员、全过程、全方位参与教学质量建设过程，运用PDCA循环理论与方法，把质量生成的设计质量保障系统、过程质量保障系统、结果质量评价系统、反馈与修正系统四个子系统串成一个闭环，从而实现"持续改进"的教学质量保障体系功能。

二、SOAC教学质量保障体系的四大子系统

SOAC教学质量保障体系把教学质量的生成过程分为设计质量保障系统、过程质量保障系统、结果质量评价系统、反馈与修正系统四大子系统。

1. 设计质量保障系统

在经济学中有三个基本问题，即生产什么、怎么生产和为谁生产。市场需求决定生产什么，技术资源等限制条件决定怎样生产，价格则决定了为谁生产。生产什么是一个战略的问题，怎么生产是战术的问题，

为谁生产则是产品分配的问题。战术出现偏差，可以进行修正，风险相对较小，但如果战略出现问题，对企业的发展可以说是致命的。因此生产什么比怎么生产更重要。对于民办高校建设来说也同样存在三个问题，即培养什么样的人、怎么培养和为谁培养的问题，其中培养什么样的人比怎么培养更为重要。而培养什么样的人，实际上就涉及学校的学科专业设置、人才培养目标定位等问题，是学校人才培养的顶层设计。设计质量保障系统就是为了保障顶层设计的质量，是教学质量保障的决策系统，其决策的正确与否直接决定了保障体系其他子系统和要素运行的效率，设计质量保障系统的功能主要是明确专业定位与人才培养目标，制定学科专业质量标准、课程质量标准以及各个教学环节的质量标准。

2. 过程质量保障系统

过程质量保障系统就是保障过程质量的一个系统。教学质量是在每一个教学活动的过程中形成的。"过程"在ISO9000族标准中的定义是"一组将输入转化为输出的相互关联或相互作用的活动 ISO9000族标准中有一个重要原则，即"程方法"原则，所谓"程方法"就是"对组织内诸过程的系统的应用，连同这些过程的识别和相互作用及其管理"。过程方法就是把每做一件事都看作是一个过程，我们所有的工作都是通过一个个"过程"来完成的,每一个过程一般都包括输入、活动、使用的资源、输出四个要素,教学质量是在一个个的"教学过程"中形成的,而每一个"教学过程"般都离不开教师、教学条件、教学运行管理、过程质量监控等要素。借鉴 ISO9000 质量管理过程方法模式,建立民办高校的教学过程质量保障模式。学生的质量标准来自社会(学生、用人单位等)需求,最终的毕业生质量需要由社会(学生、用人单位等)进行满意度评价,在教学质量实现过程(即教学过程)中,需要经过"教学运行管理、师资队伍与教学条件建设、过程质量监控"等几个大的过程,而在大的过程中还会有很多中过程、小过程,这些过程相互平行或交叉运行,一个过程的输入可以是上一个或几个过程的输出,而一个过程的输出又可以是下一个或几个过程的输入,从而构成了一个教学过程网络,也就是包含了与教学质量有关的所有工作。将教学活动和相关的资源建设作为过程,实施 PDCA 模式的管理,最终得到期望的结果。

3. 结果质量评价系统

结果质量评价系统是通过对本科教学产出(结果)的测量,评价教学质量、分析诊断教学质量问题,从而用于指导本科教学改革,实现教学工作的持续改进的系统。从人才培养的角度来看,高校的教学质量高不高，最终还是体现在其服务的对象——学生身上。"以学生为中心"的质量保障体系建设理念也强调以学生的学习产出（成果）作为衡量教学质量的主要尺度。学习产出或学习成果通俗地理解就是接受教学过程之后比接受教学过程之前增值的部分。增值的部分越多，教学质量越高，反之教学质量越低。如果增值的部分没有达到预定的质量标准（即底线要求），则说明教学质量没有达标，教学过程就是失败的，教学质量自然也就较差了。20世纪80年代开始，随着美国"评估运动"的开展，关于对学生学习成果定义的讨论也兴起，到20世纪90年代，学生学习成果评估在美国高等教育质量保障体系中的地位越来越重要，对学生学习成果概念的讨论也越来越多，形成了一些极具参考价值的界定。本书中对"学生学习成果"概念的界定，主要是指学生经过某种学习（教学过程）后，知识、能力、素质等方面得以增长和提升，这种增长和提升是具体的、可测量的。结果质量评价系统中用来测量或反映教学质量的维度主要有学生学习产出与毕业要求的达成度、毕业生对教学工作的满意度、毕业生的就业与创业率、用人单位对毕业生的满意度四个方面。

4.反馈与修正系统

反馈与修正系统是实现持续改进的重要环节。这个系统的目的在于将过程质量保障系统与结果质量评价系统中的教学过程监控信息、教学目标达成度、毕业生满意度、用人单位满意度等情况，以及通过各种途径获得的质量改进建议等信息及时反馈到本科教学的各个环节和相关职能部门与院（系），督促各有关部门根据反馈信息制定整改方案，落实整改措施，责任到人，实现教学工作的持续改进。

三、SOAC 教学质量保障体系的责任主体

根据全面质量管理理论，民办高校教学质量保障体系的利益相关者全都是责任主体，包括学校理事会或董事会、学校领导、各职能部门及院系管理人员、教师、学生、家长、用人单位、校友等。这些责任主体都应该全过程、全方位参与教学质量的生成过程，在教学质量保障中尽到自己的责任。

民办高校一般都设有理事会或董事会（以下统称"理事会"），是学校的最高决策层。理事会的理事长往往是由举办者或其代表担任的，理事长的办学理念与办学目标对学校的办学目标与定位具有直接影响，直接决定了教学质量的目标。

以校长为首的学校领导班子是学校的最高管理层，校长的办学理念、

办学思路、对教学的重视程度等对教学质量的影响是全面而深入的。

学校各职能部门及院系管理人员承担着教育教学的各项管理工作，其管理的水平与能力，也必然反映到教学质量上来。

教师是教学质量生成中的主导因素，所谓"名师出高徒"，教师队伍的数量、结构和质量在教学质量中起着关键性的作用。

学生是教学质量生成中的主体因素，教学质量归根到底是反映在学生身上的。因此，学生的基础和对学习的投入程度等方面在教学质量生成中起着决定性作用。

家长是教育消费的实际购买者，最为关心学校的教学质量，是学校教学质量的有力监控者。

用人单位代表社会需求，是学校教学质量的最终检验者。民办高校的人才培养强调以就业为导向，培养社会需要的应用型人才。因此，用人单位不应当是学校人才培养质量的"看客"，而应该广泛参与到专业标准的制定、人才培养方案的制定或修订、课程设律及课程建设、实验室和实习实训基地建设、毕业生质量调查等质量保障的关键环节中。

广大校友（主要是毕业生）是学校的教学质量高低的"标签"，在学校的教学质量保障体系建设中最具有发言权。校友既承载着学校的教学结果，又接受着社会实践的检验，是学校联结社会的最佳纽带，在学校教学质量保障体系建设中应当充分发挥校友的作用。

各利益相关者围绕教学质量的提升形成了质量利益共同体，一荣俱荣，一损俱损，相互之间共享权利、共担责任和结果，都是教学质量生成的责任主体，相互之间是合作而不是问责的关系。在学校的内部教学质量保障体系中，各责任主体的角色存在多元转换的现象。比如教师，既是质量的生产者，又是质量的监控者；既是评课、评教中的评价者，也是被评价者；既是质量标准的参与制定者，也是标准运用的实践者；等等。因此，教学质量保障体系建设要把各责任主体都吸纳进来，实现全员、全过程、全方位参与教学质量保障体系建设的局面。

四、SOAC教学质量保障体系的改进模式

产品质量是设计和加工制造出来的，而不是由检验或规劝就能达到的。因此，本科教学质量最终是在设计与教学过程中产生的。所有组织机构都要围绕"设计与教学过程"相互合作并发挥相应的作用。要树立"以学生为中心、产出导向、全员参与、持续改进"的理念，形成一个围绕

人才培养目标,关注相应质量标准的设计与修正,保证必要的人力、物力、财力的投入,重视教学过程中的信息收集、诊断与反馈,并及时加以改进的工作模式。从整个人才培养流程来说,设计质量保障系统、过程质量保障系统、结果质量评价系统、反馈与修正系统构成了一个PDCA的循环,蕴含着改进机制。但对于微观的每一个教学过程,包括课堂教学、实验实习实训、毕业实习、毕业论文(设计)等各个环节,都是要按照这样一个改进模式实现教学质量的持续改进。而相应的组织机构和责任主体也都在其中发挥相应的作用。

第四节　民办高校教学质量保障体系的基本要素

教学质量保障体系是一个大系统，由若干子系统构成，而每个子系统又由众多的子系统或要素构成。该教学质量保障体系把教学质量的生成过程分为设计质量保障系统、过程质量保障系统、结果质量评价系统、反馈与修正系统四大子系统。这四大子系统构成了包含策划、实施、检查、改进的一个完整的 PDCA 闭环。根据系统论的观点，系统是有很多要素按照特定的结构组合而成的一个整体，它不是要素的简单相加，其中要素与要素之间是有特定联系的，系统是一个不可分割的有机整体。系统的功能可以大于每个要素功能之和，但也有可能小于每个要素功能之和，系统功能的发挥取决于要素的功能和系统的结构，因此，教学质量保障体系中的每个子系统及其要素都是非常重要的，缺一不可，否则就会影响系统整体功能的发挥。

一、设计质量保障系统

设计质量保障系统的基本要素涉及从宏观到微观的不同层级，主要有学校的办学定位与人才培养目标定位、学科专业设置、人才培养方案(专业质量标准）制定、教学大纲（课程标准）的制定以及各主要教学环节的质量标准制定等方面。

1. 学校的办学定位与人才培养目标定位

学校的办学定位与人才培养目标定位是教学质量保障体系建立的基点。民办高校的办学定位主要受教育行政部门的政策导向与社会需求（外部因素）和自身的办学基础（内部因素）的影响，外部因素是决定性的，内部因素受制于外部因素。比如前文所述政府对高校分类管理的政策、政府关于引导部分地方普通本科高校向应用型转变的政策等实际上已经明确了绝大部分民办高校"教学型高校"与"培养应用型人才"的定位。在此大方向指导下，就要根据高校自身的办学基础，充分研究社会的需求，来确定高校具体的人才培养目标定位，包括人才培养的服务面向（如面向哪些地区、哪些行业或产业等）、人才培养的层次（高端、中端、低端等）、人才培养的特色等。

2. 学校的学科专业设置

在明确民办高校的办学定位和人才培养目标定位后，就需要对学校的学科专业设置进行规划，如进行综合性与多科性的选择。《浙江省普通本科高校分类评价管理改革办法（试行）》中从"专业数量、前五个主干专业学生占比、专业类数量、学科门类数量"四个指标来区分综合性和多科性。综合性高校往往学科门类与专业数量多，专业设置比较分散，前五个主干专业学生占比较小。而多科性高校学科门类少，专业设置比较集中，前五个主干专业学生占比较大，容易形成专业特色。

民办高校是应国家社会需求而生的，其培养的人才必须与社会需求高度契合，也就是民办高校要对地方经济社会发展与产业结构调整有高度的敏感性，并能迅速做出反应。民办高校要建立专业的动态调整机制，可以及时根据地方产业结构的调整以及对人才需求的变化，进一步优化学校的学科专业布局与结构，不断提升学校的学科专业建设与地方经济社会发展的契合度。

3. 人才培养方案的制定

人才培养方案明确了专业人才培养的目标与规格，明确了实现人才培养目标与规格的课程体系以及主要的培养环节，是学校实施教育教学工作的基本依据，也是学校专业建设的质量标准。2018年教育部下发了《普通高等学校本科专业类教学质量国家标准》（以下简称《国标》），从培养目标、培养规格、课程体系、专业师资、教学条件、质量管理与保障体系等方面规定了本科专业教学质量的底线。民办高校在制定人才培养方案时，要把《国标》作为基本依据，在此基础上坚持"以学生为中心"，推动本科教学从"教得好"向"学得好"转变，突出产出导向，主动对接地方经济社会发展需求，科学设定专业人才培养目标和规格，完善专业人才培养方案。

专业人才培养质量的具体要求和标准，在不同的时代、不同的环境下有着不同的内涵，尤其是科学技术日新月异地发展，必然带动经济和社会的发展和变化，从而也对高校的人才培养质量提出新的要求，因此，高校的人才培养方案制定也同样要建立动态调整的机制，能够根据社会对人才质量的新要求，及时调整人才培养目标与规格以及相应的课程体系。人才培养方案的制定要充分发挥系部与专业教师的作用，广泛进行社会需求调研，要加强对同类专业的市场调研与分析，并且要积极寻找"标杆"进行对标，要突出本校人才培养的特色与优势，制定有本校特色的人才培养方案。制定特色人才培养方案，实际上就是设计与众不同的专业人才培养模式。

4.课程质量标准（教学大纲）的制定

"课程"概念比较复杂，这里的"课程"取其狭义的理解，即指列入专业人才培养方案中的一门门具体的教学科目。众所周知,学校教学活动的载体就是课程,学生付学费"消费"的主要是学校提供的"课程",因此,课程教学质量是教学质量的核心,要提升课程教学质量,首先就要有一个课程教学质量的标准。

在我国的教育学概念体系中,关于课程的教学指导性文件就是教学大纲,课程教学大纲是课程教学活动的指南,它规定了课程的性质、学分、教学目标、具体教学内容、考核办法等要求,也是高校在教学管理中考核和评价教师课程教学质量的基本依据。基础教育课程的教学大纲是由国家统一制定的,其科学性、权威性很高。但是在高等教育阶段,除了思想政治、大学英语等教育行政部门规定必须开设的公共基础课程外,目前,高校的课程没有国家统一的课程教学大纲或标准,其教学大纲都是由高校自行编制的,不同高校即使是同一专业的同一门课程,其教学大纲的内容也是五花八门。教学大纲一般由任课教师或教研室进行编写,质量参差不齐。民办高校因其办学历史较短,教学管理规范化程度还不高,对于教学大纲的编写及审定缺乏严格的管理,大多是由系部或教研室选取某一本教材作为教科书(较多是由任课教师推荐,系部或学院审核确定),然后按照教科书的内容体系摘写而成,教学大纲的质量实际上取决于任课教师的水平和质量,而高校的普通任课教师对整个专业人才培养目标及课程体系的把握往往不可能做到全面和系统,因而必然缺乏对课程目标实现的具体考量,其教学内容的选择必然也是无法完全支撑课程目标的,同一专业的一些课程内容重复的现象也司空见惯,导致教学大纲的质量不高。由于教学大纲的科学性不高,其权威性也不强,教学大纲成为印在纸上的摆设,大大失去了其原本应有的效用。

课程质量直指教学质量的核心,因此必须制定科学合理的、能够完全支撑人才培养目标实现的课程标准。我国高等教育受苏联的影响比较深,比较重视"专业",我国高等教育是"专业规定课程"的模式,课程依附于专业,因此,在制定专业人才培养方案时,在明确专业的人才培养目标与规格的同时,也决定了课程体系中每门课程应该实现的课程教学目标。每门课程目标的实现,支撑了最终的专业人才培养目标的实现,课程目标是服务于专业目标的。长期以来,我们都是用"教学大纲"来规范高校的课程教学活动的,但是随着专业《国标》的出台,笔者认为用"课程标准"来替代"教学大纲"更符合当下的高等教育改革及其趋势,首先,课程标准已经具有实践基础。我国基础教育从21世纪初就已经在新课程改革中用课程标准替代了原来一直沿用的教学大纲。除了基础教育已有课程教学质量的国家标准外，教育部于 2006 年也已经明确要求高等职业院校要"建立突出职业能力培养的课程标准，规范课程教学的基本要求，提高课程教学质量"，可见，我国高职院校也已经全面用课程标准替代了原有的课程教学大纲。对于本科院校，虽然教育部还没有明确要求制定课程标准，但作为以培养应用型人才为目标的民办高校，在国家已经出台专业《国标》的基础上，制定课程标准来替代课程教学大纲，既无可厚非，也是必然趋势。其次，课程标准比教学大纲更突出"以学生为中心"的理念。传统的教学大纲明确了教学目标，同时比较详细地罗列了课程教学的具体内容、教学的重点和难点等，但这主要是从"教"的方面进行撰写的，侧重于解决"教什么"的问题。而课程标准要求更加注重"学"的方面，在《教育部高等教育司关于实施〈普通高等学校本科专业类教学质量国家标准〉的通知》中明确指出要"坚持以学生为中心，把激发学生的学习兴趣和潜能作为标准研制的出发点和着力点，创新形式、改革教法、强化实践，推动本科教学从'教得好'向'学得好'转变"，因此，课程标准必然要与专业《国标》一以贯之，坚持学生中心导向。

那么，民办高校的课程标准应该如何制定呢？首先要明确课程标准的基本要素，即课程的性质、教学目标、内容框架、实施与评价建议等。课程性质要阐述课程的地位和作用、课程设计的基本理念和思路；教学目标要告诉学生学习后要达到的目标（结果），也就是预期的学习成果；课程内容框架要阐明学生的主要学习领域及主要学习内容，这部分内容可分为基础模块和前沿模块，其中基础模块是学生必须学习和掌握的内容，而前沿模块则主要是由教师自由选择与发挥的，一般是与本课程相关的最新的研究成果或最新的实践与探索；课程实施与评价建议，主要是为学生学习和教师教学提供指导，为教学管理部门对课程管理提供意见和建议，一般可以细化为课程的学习要求、主要学习内容及作业的要求与安排、课程成绩评定方法、推荐的阅读资料等。其次要充分体现"以学生为中心"的理念。澳大利亚维多利亚州制定的《课程标准框架》指出，"课程标准描述的是学生学习所包括的主要领域及大多数学生在每一学习领域能达到的学习结果"。制定课程标准首先要贯彻"以学生为中心"的理念，在课程目标描述中一般以学生为主语，描述学生学习后应达到的知识、能力和情感等要求；在课程实施中要引导学生开展自主学习；在课程评价中要以学生的学习产出（成果）为导向，按学习目标的达成度进行评价。

5. 主要教学环节的质量标准制定

在专业《国标》中，对专业人才培养除课程教学外的主要教学环节，包括实验实训、认知实习、专业实习、毕业论文（设计）等均提出了相应的教学要求，因此，在设计质量保障系统时还应制定好除课程教学外的主要教学环节的质量标准。

二、过程质量保障系统

教学质量是在教学活动过程中生成的，因此，要实现预先设计的质量标准，必须抓好教学活动的过程管理，提高过程质量，过程质量保障系统的基本要素包括教学运行管理、师资队伍建设、教学条件建设和过程质量监控等方面。

（一）教学运行管理

教学运行管理是学校教学管理部门和教师按照人才培养方案和有关制度对教学活动进行的管理，主要包括两部分：一是对教学过程的组织管理，这部分是以师生相互配合为主的过程，其中教师发挥主导作用，学生发挥主体作用；二是对教学事务的行政管理，这部分以校、院（系）教学管理部门为主体，上下协同，执行教学规范，遵守各方面教学管理制度，保障教学工作的平稳有序进行。教学运行管理主要由以下教学环节组成。

1. 日常教学管理

日常教学管理主要是指教务处组织各院（系）按照人才培养方案实施的开课计划制定、教学任务制定、组织学生选课、课表编排、教材征订、调停课处理、教学场地使用调度等课务管理；试卷命题、监考安排、组织阅卷、成绩登记、试卷装订与入库等考务管理；入学与注册、重修补修、转学转专业、休学复学退学、毕业结业肄业等学籍管理；教师教学工作量计算与考核、教学档案管理等其他相关事务的管理。

2. 课堂教学环节的组织管理

课堂教学是教学的基本形式，课堂是教学活动的主阵地、主渠道。课堂教学环节的组织管理主要是由教师实施的，因此要做好课堂教学环节的组织管理首先要选聘教学业务能力强的教师，对于没有经过师范院校教学技能训练的教师，应该对其开展教学技能培训，让教师熟练掌握课堂教学的基本技能。要建立新上岗教师的岗前培训制度，考试合格的才能上讲台。另外，要加强对教师的培养培训，组织教师认真学习课程教学大纲，编写本学期的授课计划，按计划进行课堂教学。要建立听课评课制度，鼓励教师相互听课，取长补短，不断改进教学方式方法，提高课堂教学质量。

3. 实践性教学环节的组织管理

民办高校主要培养应用型人才，而应用型人才的培养，对实践教学提出了更高的要求。首先要制定科学合理的实践教学大纲和实施计划，其次要选配具有实践经验、操作技能强的教师担任实践教学指导教师。除了在课堂内开展的实验、实训之外，课余的认知实习、毕业实习也是十分重要的实践教学环节，也要有计划地安排并进行考核。毕业论文（设计）是最后的一个十分重要的实践教学环节，要抓好选题、开题、论文撰写、修改、答辩等各个环节的质量。

4. 课外创新创业活动和学科竞赛的组织与管理

课外创新创业活动是教学活动的重要方面，要出台相关政策鼓励学生参与创新创业活动，鼓励教师指导学生开展创新创业活动。将课外创新创业活动纳入教学管理部门的工作计划，通过设立科研项目立项等形式，组织学生参与科技创新。学科竞赛是学生充分展示专业学习技能的好机会，要鼓励学生参与各级各类的学科竞赛，以学科竞赛为抓手，培养学生的实践操作技能，提高学生的综合素质。

（二）师资队伍建设

梅贻琦说过："所谓大学者，非谓有大楼之谓也，有大师之谓也。"对于高校教学质量建设来说，师资队伍的质量起着举足轻重的作用。尤其是对于民办高校的学生来说，其学习自主性与学习能力相对较弱，更需要教师的指引。师资队伍是民办高校教学质量最重要的支撑条件，是影响民办高校教学质量的第一要素。

（三）教学条件（资源）建设

教学条件主要是指影响教学质量的硬件和软件，也可称之为教学资源，是教学质量的支撑系统。硬件条件主要是指人力、财力、物力等资源。人力资源即教学管理者以及教师的数量与结构、教师及管理队伍的培养培训和发展、学生的状况等。财力资源主要是指投入和获得的经费。物力资源具体是指教室、实验室等教学场所的条件和相应的教学仪器设备，软件条件主要是指知识、信息和技术等资源，也就是影响教学质量的思想、观念、规范和技术等。确保和提升教学质量，除了要有硬件支撑外，还需要有知识、信息和相应的技术等软件支撑。硬件是基础，没有良好的硬件环境支撑，办学质量的提升就是一句空话。同样，只有硬件，没有软件，教学质量必然大打折扣。尤其是在信息技术快速发展的今天，学校的互联网、信息化数字校园平台、精品在线开放课程平台等软件资源都能够极大地提升教学质量。

（四）过程质量监控

培养过程是教学质量的生成环节。为了确保预期质量目标的达成，必须对整个教学过程进行质量监控。

1. 实施全过程质量管理

要从做好招生宣传、招生录取、入学新生全面复审等招生过程管理，把好新生质量关开始，到教学计划实施及各个教学环节的质量管理，再到考试过程管理等整个教学过程进行质量监控与管理，同时对图书资料、仪器设备、多功能教室、体育场馆、实验室、实习实训基地、计算机房、教辅人员的服务水平等教学辅助过程进行质量管理，确保教学过程质量。

2. 建立教学质量定期检查制度

建立期初、期中、期末教学检查制度，学校教务处、质量管理办公室、学生处等部门联合，定期开展对教风学风的检查和整治，通过听课、观课、抽查作业、召开座谈会、做问卷调查、考试成绩分析等方式，掌握各环节的教学情况，发现问题及时整改。

3. 建立校院两级督导制度

学校质量管理办公室和各二级学院负责聘请一批教学经验丰富、教育思想先进、热爱教育事业、工作认真负责的老教师组成校院两级督导组织。校级督导组重点在"督"，重点是监督二级学院的教学管理工作情况和各项教学改革的执行情况，以及开展一些专项的检查和评估。二级学院督导组重点在"导"，通过听课、评课等工作，及时对教师的教学进行指导，及时掌握各种教学质量信息，并对学院的教学工作提供改进意见和建议。

4. 建立听课制度

建立领导干部听课和教师同行相互听课制度。领导干部听课主要是指学校领导和教务处以及二级学院和系部领导深入课堂听课，主要目的是了解整个学校的教师教学情况，了解学校总体的教学水平，为决策提供参考。教师同行相互听课主要目的是同行之间相互学习，取长补短，共同进步。

5. 建立教学状态数据信息采集、统计和分析制度

教育部和省教育厅每年均要求学校填报教学状态数据信息。学校可以结合每年的教学状态数据采集工作，及时采集各类教学状态数据，包括教师与学生的基本信息、教学资源与条件的利用情况、教师教学和学生学习情况、教学管理与服务情况、毕业生质量与社会评价情况等教学信息，然后分学院或专业进行统计分析，撰写教学质量年度报告，为学校教学工作决策提供服务。

6. 建立学生教学信息员制度

通过团委、学生会等学生组织或学生自愿组建一支学生教学信息员队伍，通过信息员定期报告、召开学生信息员座谈会等途径，定期和不定期地搜集教师的"教"和学生的"学"的情况，了解学生对教师和教学管理工作的意见和建议，为改进教学工作提供服务。

7. 建立教学工作评价与激励制度

学校教学工作评价不仅包括专业评估、课程质量评估、实践教学评估等专项评价和对校、院（系）的整体教学管理工作的评价，而且包括对教师教学质量的评价和对学生学习质量的评价等，尤其是对教师教学

质量的评价,一直是教学管理工作的一个难题。应该充分考虑学生的评价、同行的评价和督导的评价,把三者结合起来,定性与定量相结合,才能对每个教师的教学工作质量有一个客观的评价。在此基础上,应当建立教学激励制度,比如优课优酬制度、教学名师和教坛新秀的评选与奖励制度等。

三、结果质量评价系统

结果质量评价系统主要就是对教学的"输出"进行评价,在学生完成了一定的学习任务之后,来检测学生获得的知识、能力、素质等与既定目标的差距。在实践中主要通过以下四个维度来反映。

1. 学生学习产出与毕业要求的达成度

在学生进校前,学校就已经制定了专业人才培养方案,明确了人才培养的目标与规格。学生学习产出与毕业要求的达成度测量,实际上就是测量学生的学习产出与人才培养目标及规格之间的差距。因为在教学过程实施中,人才培养目标与规格细分到了每门具体的课程及各教学环节上,因此,测量与评价学生学习产出与毕业要求的达到度,需要测量学生学习每门课程的质量和参与各教学环节后的成果。课程教学质量的检测主要通过课程考试（实践课程质量检测主要通过技能测试）进行，其他教学环节，如毕业论文（设计）则通过测量学生完成的论文（或作品）的质量来进行。学生完成了每门课程与各教学环节的学习，并经任课教师考核成绩合格，获得了相应的学分，按要求完成培养方案规定的学习任务，就准予毕业，达到学位授予要求，授予相应学位。因此，在开展教学评估时，往往通过查阅课程考试试卷（命题质量、学生考试成绩）来判断课程教学质量，通过查阅学生毕业论文（或作品）来判断学生的总体质量。一般需要建立学生综合素质测评体系，通过综合素质测评来评价学生的综合素质。

2. 毕业生对教学工作的满意度

毕业生是学校的直接服务对象，毕业生接受了学校四年的培养，对学校的教学工作非常熟悉，毕业生在离开母校前对学校的教学工作的满意度评价能够客观地反映学校的教学工作质量。学校要高度重视毕业生对母校教学工作的满意度评价，在教师课堂教学水平与态度、实践教学与创新能力培养、专业与课程设置、管理工作及学风教风、教学条件与后勤保障、就业指导及服务等方面充分听取毕业生的意见和建议，积极改进，必然能对学校的教学质量提升起到重要作用。

3. 毕业生的就业率与创业率

毕业生的就业率反映了毕业生受社会欢迎的程度，实际上反映出学校的专业设置和专业人才培养满足社会需要的程度。而毕业生的创业率能够反映学生的创新创业能力，也侧面反映出专业人才的培养质量。就业率与创业率是毕业生社会竞争力的体现，就业竞争力强说明人才培养质量高，反之质量就低。确保毕业生的就业质量既是毕业生生存发展的需要，也是政府促进经济社会发展、维护社会安全稳定的需要，是用人单位事业发展的需要，是毕业生、政府和用人单位满意度的统一。如果毕业生的就业率低，说明学校培养的人才与社会需求脱节，间接说明学校的教学质量不高。毕业生的就业率评价一般采用一次性毕业生就业率、专业对口率、就业结构三个指标，这也是专业建设要努力的三个方面。

4. 用人单位对毕业生的满意度

用人单位对毕业生的满意度高，既说明学校确定的专业人才培养目标与社会需求的契合度高，也能反映出学校的教学质量比较高。用人单位对毕业生的满意度通过毕业生的岗位胜任能力反映出来，而岗位胜任能力首先反映学校的专业设置、培养目标、课程体系是否紧密结合用人单位实际。用人单位对毕业生的满意度重点考察学生的专业技能、通用技能和思想道德三个方面。首先是专业技能，从学生的动手能力、岗位适应性、专业理论知识等方面可以综合反映出学生专业技能的强弱。其次是通用技能，从学生的沟通交流、团队协作、心理承受能力、学习能力、创新能力等方面可以综合反映出学生通用技能的强弱。最后是思想品德（人品），可以从敬业精神、吃苦耐劳、责任感、乐观自信、诚实守信等方面反映出学生的人品。

四、反馈与修正系统

反馈与修正系统中的基本要素包括反馈与修正两个方面。

1. 反馈系统

教学质量信息来自不同层面、不同渠道，其信息反馈也是多元与开放的。学生的学习成果评价结果主要向学生反馈，可以通过学生成绩管理系统供学生查阅，也可以通过师生间的沟通直接反馈，通过社交媒体（如QQ、微信等）、电子邮件反馈等，让学生明白自己的学习状况，及时改进学习态度和方式等；对于教师教学评价结果的反馈，可以采用面对面谈话形式直接反馈，也可以通过邮件等方式反馈，还可以通过登录教学质量监控数据平台由教师自己查看反馈意见：对于面向社会、家长等的教学质量信息反馈，则可以通过本科教学质量年度报告、毕业生就业质量年度报告等在学校官网上进行反馈。对于学校来说，最好能够开发完整的教学质量监控与评价数据平台软件，把教学信息的采集、统计、分析、反馈、运用等功能集成到数据平台，学校领导、管理人员、教师、学生、用人单位等均可以通过数据平台查看所需要的教学质量信息。反馈系统既反馈取得的成绩与好的做法等肯定的方面，也反馈存在问题的否定的方面。对于肯定的方面，通过梳理，力求使之标准化，能够坚持下去；对于否定的方面，就要归入修正系统，进行修正。

2. 修正系统

修正系统从 PDCA 循环的角度来说，既是前一个循环的结束，同时又是下一个循环的起点，是持续改进机制的关键环节。学校各职能部门和各院系要善于总结经验，及时把好的做法通过制定标准、建立制度等形式固化下来，同时要把反馈系统反馈的各种质量问题进行深入分析，制定整改方案，落实整改措施并加以改进。为了不断改进不足，实现质量的不断提升，学校应该建立教学质量改进的问责机制，对于每一项改进问题，都要做到人员落实、责任落实、举措落实、经费落实，并提供资源保障。要建立质量改进的督察机制，对整改不到位、责任不落实的有关人员进行问责。只有这样，持续改进的机制才能建立起来，教学质量才能得到不断提升。

第五节 民办高校教学质量保障体系的运行机制

民办高校 SOAC 教学质量保障体系的运行机制主要包括决策机制、执行机制、控制机制、改进机制四个机制。

一、决策机制

当代决策理论认为："决策贯穿于管理全过程，管理就是决策。"民办高校的教学质量始于办学定位和人才培养目标、专业标准与课程标准的设计，再到招生、教学基本建设、师资队伍建设和教学条件建设，再到整个教学过程，最后到学生就业和毕业生发展跟踪，是一个复杂的系统，各种决策贯穿于教学质量管理的全过程。

民办高校 SOAC 教学质量保障体系的决策机制与企业不同，因为除了校长为代表的领导群体之外，还有大量的教授、专家参与教学的管理，因而教学质量保障体系的决策不仅仅指校长及其办公会议的决策，其决策机制还应该包括教授、专家在内的各个利益相关者的参与。因此，其决策机制也比较复杂，需要设置一些委员会来进行辅助决策、决策论证与咨询，设置委员会既能充分调动这些利益相关者的积极性，发挥他们的重要作用，尽可能避免决策失误，使决策更具科学性，同时也是协调全校各职能处室质量职责与整合各方资源的重要手段。

首先要组建具有决策功能的委员会。一般有两个委员会是必须组建的，一是学校的教学质量保障体系建设工作委员会，由校长亲自担任委员会主任，教学副校长任副主任，其他分管校领导和各职能处室负责人、各学院院长为委员，还可以吸收企业专家、校友代表、教师代表和学生代表参加。这个委员会是教学质量保障工作的最高决策机构。二是教学工作委员会，这个委员会一般由教学副校长任主任，教务处、学生处、教学质量评估处等部门负责人与各学院教学副院长为委员，还可以吸收教师代表和学生代表为委员。这个委员会主要是对教学质量管理与建设中的重大事情做决策。

其次是组建具有咨询功能的委员会。比如各学院或各专业组建专业建设指导委员会，吸收用人单位有关领导、行业专家、校友、政府相关部门领导、专业负责人等参加，在专业设置、专业人才培养方案制定、课程设置及质量标准的制定等方面进行咨询和论证。另外还有教材建设委员会、教学事故认定工作委员会、教学督导工作委员会等。

决策机制的主要任务是明确学校的办学定位与人才培养目标，对学校的专业设置与调整、课程设置及调整、专业标准与课程标准的制定进行决策，对师资队伍、实验室等教学条件建设进行决策，同时制定有关教学过程管理的政策性措施，指挥协调全校关于教学质量管理的各项活动，总结经验和教训，并督促整改。

二、执行机制

执行机制就是把学校教学质量管理的目标和方案具体落实到每一个教学过程中，使每个部门、每位教师严格按照质量标准行动的过程。教学是一个良心活，教学质量保障体系执行机制的关键就是建立全校师生员工贯彻质量标准的动力机制。这种动力主要来自组织岗位职责、制度规范与要求以及激励措施三方面。

1. 严格履行各级组织的岗位职责

学校要明确组织内部机构和部门对于教学质量管理的职责和权限，在规定质量管理体系的职责和权限时，一定要把学校的全部质量管理体系职责分解完全，既不留空白，也不出现重叠或交叉的现象，尤其要注意组织与外部和内部部门之间接口关系的处理，防止规定的职责与权限模糊不清，留下推诿和扯皮的余地与后患。有关机构、部门的职责和权限要在组织内部得到明确了解和沟通，使每个成员都明确自己的质量职责，从而在实际的工作中能够严格履行岗位职责。

2.完善各项制度与工作流程

制度是要求大家共同遵守的办事规程与行为准则。教学质量保障的组织建立起来以后，要履行组织的职责，实现组织的共同目标，就必须建立相应的规章制度来指导与规范组织成员的行为。教学质量保障体系实际上就是一个完整的制度体系。这个制度体系主要包括关于各教学环节质量标准的一系列文件、各教学环节质量管理活动的规范和工作流程。

（1）编制各项教学质量标准。教学质量标准是判断和评价教学质量的基本依据，涉及教学过程的各个环节。

首先是专业标准。2018年教育部发布了经专家多年研究编写的涵盖全部92个本科专业类、387个专业的《国家标准》，当然这个标准是一种底线标准，各个高校应该根据学校实际和地方经济社会发展需求制定学校的专业标准。《专业人才培养方案》是其中最核心、最基本的专业标准，它明确了本专业的人才培养目标与规格；明确了本专业毕业生在知识、能力、素质等方面应该达到的毕业要求；明确了本专业的课程设置与课程目标；明确了本专业的各个教学环节及其要求等，是人才培养工作的基本依据。此外，还有"新专业建设标准""学士学位授予权评估标准"、专业认证指标体系等。

其次是课程标准。课程是学生在学校学习的重要载体，课程目标的实现支撑专业总目标的最终实现。因此，每门课程的标准至关重要。课程标准应当明确课程的目标、学习的内容、教学的方式方法、必备的教学条件、学业成绩考核办法等内容，是教师开展教学的基本依据，也是学生学习的基本指南。

最后是各个教学环节的标准。比如课堂教学、教材选用、教案编写、试卷命题、作业布置与批改、实验教学、社会实践、军训、认知实习、毕业实习、毕业论文（设计）等教学环节，每一个环节均应制定相应的质量标准。

（2）完善过程管理的各项规范与工作流程。各教学环节质量管理活动的规范与流程，也称为教学管理活动的标准，它涉及学校教学管理的全过程。教学管理制度越健全，教学管理就越规范，教学管理的质量就越有保证，我们从设计质量保障系统、过程质量保障系统、结果质量评价系统、反馈与修正系统四个方面来梳理教学管理活动的规范。

3. 建立和完善相应的激励措施

教学质量保障体系得以高效运转的动力，除了来自组织的岗位职责与要求、制度的规范与约束之外，还有就是学校对教学质量保障主体的激励措施。

首先是学校的薪酬制度及相应的人才引进政策。在诸多的教学质量保障主体中，最重要的是教师。教师的能力和水平对教学质量的影响非常重大。对于民办高校而言，要引进和留住人才，薪酬最为重要，另外还有住房、子女教育问题等人才引进的配套政策。

其次是学校的考核与奖励政策。比如《教职工年度考核制度》《教师教学工作业绩考核办法》《教师专业技术职务评聘方案》《教师重点学术工作量奖励办法》《教学名师评比奖励办法》《教坛新秀评比奖励办法》《教学优秀奖评比奖励办法》《教学成果奖评定与奖励办法》《教学工作量计算办法》《超课时酬金发放办法》以及其他的激励政策。

最后是一些负强化的政策与措施。比如《教职工请假与考勤管理制度》

《教师职业道德规范实施细则》《预防和处理学术不端行为办法》《教学差错与教学事故认定及处理办法》等。

三、控制机制

控制是组织在动态的环境中为了实现既定的目标而进行的检查和纠偏活动或过程。控制作为计划、组织、领导、控制四大管理职能中的一项重要职能，在教学质量保障体系中主要是指监督、检查教学工作是否按计划、标准和规范进行，发现偏差，分析原因，进行纠正，以保证质量标准实现的过程。控制的基本过程主要有四步：一是确定控制点及标准；二是衡量实际业绩；三是进行差异分析，如果无差异则继续实施计划，如果有差异，则找出具体原因；四是（针对原因）采取纠偏措施，或者修改标准，或者修改计划，或者改进工作方法。

1. 采取纠偏措施

SOAC教学质量保障体系的控制机制重点是要建立起信息收集机制、评价和诊断（衡量偏差）机制、信息反馈机制。信息收集机制就要通过建立教学质量定期检查制度、听课评课制度、学生教学信息员制度、督导工作制度、教学状态数据信息采集、统计和分析制度，运用问卷调查、座谈会以及其他计算机软件系统等技术方法获得各方面对教学质量的信息反馈，为决策提供依据。评价与诊断机制，一般是由校领导牵头，由质量管理部门组织，根据需要聘请教育管理专家、资深教师甚至是用人单位行家等组成评估专家组，通过深入课堂、查阅资料、召开座谈会、开展测评等方法，根据学校要求对专业、课程、实践教学、毕业论文等方面进行专门评估与诊断，对教学质量的状态做出评价。信息反馈机制是指把教学质量信息及时反馈给相关决策人员，并督促其整改。反馈的形式根据发现的问题及问题的数量和重要性，可采取集中反馈、个别反馈、随机反馈、口头反馈和书面反馈等形式，对于比较重要的问题，一般可以由质量管理部门下达整改任务书或整改联系函的形式进行。

四、改进机制

教学质量保障体系运行机制中最重要的部分就是改进机制，这也是传统教学质量监控体系中最薄弱与最容易被忽视的一环。建立教学质量保障体系的目的是持续改进不利于教学质量提升的方面，从而实现不断提升教学质量的目的。因此，如果不抓好最后的改进工作，教学质量保障体系就无法形成"闭环"，就无法实现持续改进的目的。

改进机制的主要目的是在前期获取的质量信息和评价与诊断意见的基础上，总结成绩，梳理问题，把成功的经验与好的做法加以标准化，形成制度或规范，以便在更大范围内推广，对失败的教训和无效低效的做法，加以抛弃或改造，制定相应的整改计划，采取相应的整改措施，解决发现的问题。从操作层面讲，在质量管理部门下达整改任务书或整改联系函后，相关决策人员应当针对问题，再次做深入分析，查找原因，制订好整改计划，采取有效措施进行整改，从而不断改进工作，提升质量。质量管理部门要担负起督促整改的职责，对于发现的重大教学质量问题，要实行建档督办、限期整改，及时了解整改的情况并组织复查，确保整改到位，取得实效，学校要建立相应的约束机制，明确教学质量责任主体，强化质量意识和责任意识，把教学质量监控与评估的结果与相关单位的业绩挂钩，与单位负责人的业绩挂钩，与教师的考核、奖惩、职称晋升挂钩，与相关单位和个人的绩效奖金挂钩，引导各级部门和广大教师注重教学质量的改进与提升。

教学质量是民办高校发展的生命线，构建"学生中心、产出导向、全员参与、持续改进"的 SOAC 教学质量保障体系是提高民办高校教学质量的关键环节。民办高校教学质量保障体系的建设是一个需要长期不断完善的过程，要准确定位，制定科学合理的质量标准，要充分调动和发挥全体教职员工的积极性和主人翁精神，实现教学质量建设的全员、全方位、全过程参与，要加强全过程管理监控，及时纠正偏差，不断改进，从而不断提升教学质量。同时在教学质量保障体系的建设过程中要注重塑造和培育优秀的教学质量文化。SOAC教学质量保障体系的建设对于推进民办高校教学质量的持续提升具有不可替代的现实意义。

第七章　民办高校教育质量保障体系实施策略

民办高校的教学质量保障体系建设是一个实践课题，其成果只有落实到民办高校的具体实践之中才有价值。本书提出的 SOAC 教学质量保障体系要在具体的民办高校中实施，首先需要学校领导高度重视这项工作，树立多样化的教学质量观，坚持走应用型人才培养之路，注重学校特色的凝练与发展，做好学校办学定位与人才培养目标的顶层设计，重视和加强学校的质量文化建设；其次要加强师资队伍、生源、经费与教学条件、课程等影响教学质量的关键要素的建设；最后要把握好教学质量保障体系具体实施的基本步骤。

第一节　我国民办高校教学质量保障体系建设的宏观策略

民办高校教学质量保障体系的建设要从宏观上树立多样化的教学质量观，坚持走应用型人才培养之路，凝练与发展学校的办学特色，塑造学校优秀的教学质量文化。

一、树立多样化的教学质量观

多样化的教学质量观是在高等教育大众化阶段和高等教育普及化阶段得到学界和社会广泛认同的教学质量观。这种质量观认为，多样化的教学质量观是高等教育分类理论的基本思想，是对经济社会发展的多元化、学生智能的多元化、高等教育发展规律的科学体现。

1. 经济社会发展的多元化对高等教育提出了多样化的需求

随着我国经济社会的发展，产业结构、社会结构等越来越多元化，行业越来越细分，随之而来的是对人才的多元化多层次需求，所谓三百六十行，行行都需要具有相应知识、能力、素质结构的人才。经济社会的发展对高等教育提出了多样化人才需求，既需要设置各种不同的专业来培养多样化人才，也需要分不同的层次培养多样化人才；既需要学术型的精英人才，也需要各行各业的应用型人才，还需要直接面向岗位工种的技能型人才。因此，在高等教育大众化阶段，对高等教育需要分层分类，让不同类型的高校培养不同类型的人才，最终满足经济社会对人才的多样化需求。

2.学生的个性化发展对高等教育提出了多样化的需求

美国哈佛大学教育研究院的心理发展学家霍华德·加德纳1993年提出了多元智能理论，他认为每个人都拥有语言、逻辑—数理、空间、运动、音乐、人际交往、内省、自然观察等八种主要智能。每个个体在这些方面的智能发展水平是不一样的，有些人在语言智能方面特别突出，有些人在运动智能方面特别突出，对于一个教育者来说，每个人都是聪明的，但聪明的范畴和性质呈现出差异（即学生是有差异性的），因此，我们首先要承认这种差异，然后要善于发现每个学生的长处，不要用一把尺子去衡量所有学生，要善于运用不同的教学方式方法，采用多样化的教学模式，实现因材施教。由此可见，学生对高等教育的需求是多样化的，满足学生个性化的高等教育需求，需要有不同类型的高校来提供这样的教育服务。

3.多样化的教学质量观符合高等教育发展规律

随着经济社会分工越来越细化，高等教育也出现了多种类型、多种层次。而不同类型、不同层次的高校培养的人才也对应经济社会发展价值链上的不同位置，因而不同类型、不同层次高校的教学质量标准不同。随着高等教育从大众化迈向普及化阶段，选择性成为高等教育的鲜明特征。高等教育的质量不仅表现在满足经济社会发展需要，而且表现在更加注重满足学生个人发展的需要，因此教学质量更不能用统一、整齐、划一的标准进行衡量，此时衡量教学质量的标准更多表现在是否满足学生个性化发展的需要上，学生的满意度成为教学质量评价的主要标准。当然，多样化、多元化并不是完全不重视统一性，潘懋元先生认为，高等教育质量标准可以分一般的基本质量要求和具体的人才合格标准两个层次，一般的基本质量要求是国家对高等教育的人才培养目标，而具体的人才合格标准，则是不同高校根据地方经济社会发展要求和学校的实际所制定的人才培养目标和规格，一般的基本质量要求体现统一性，具体的质量标准体现多样性。

总之，民办高校教学质量保障体系的建设首先要树立多样化的教学质量观，根据经济社会发展与学生发展需求，结合民办高校的实际，科学确定其办学定位与人才培养目标。

二、注重凝练和发展学校的办学特色

办学特色是学校的竞争力的体现，凝练和发展特色是为了更好地提高民办高校的人才培养质量和竞争力，更好地满足经济社会发展的需求和学生个性化发展的需要。所谓办学特色，是指"在长期办学过程中积淀形成的，本校特有的，优于其他学校的独特优质风貌。特色应当对优化人才培养过程、提高教学质量作用大、效果显著。特色有一定的稳定性并应在社会上有一定影响、得到公认"。关于其具体内涵，刘献君认为："任何学校的办学特色，都应体现独到的教育理念、学校成员认同的规章制度、独特的优良传统和校风、良好的社会影响和效果四个方面的内涵。"

根据高等教育分类理论，高等教育是分层次和类型的，如按学科专业设置可以分为综合性大学、多科性大学、单科性大学等；按科研规模可分为研究型大学、教学研究型大学、教学服务型大学、教学型大学等；按管理权限可分为部属大学、地方省属大学、地方市属大学等。每一类型大学都有其与其他类型大学相区别的特色，刘献君称之为"类特色"：他认为，大学在确立和创建办学特色的方向与目标时，首先要明确自己在整个大学系统中的位置，以"类特色"为前提。从国家对高校的管理与政策导向来看，民办高校是地方新建本科高校中的一类服务地方经济社会发展，为地方经济社会发展培养应用型人才，建设教学服务型大学应是其"类特色"。

在创建"类特色"的基础上,民办高校还应根据学校自身发展历史和积淀、根据市场竞争,创建自己的"个性特色":个性化的办学特色一般体现在办学理念、学科专业、人才培养和师资队伍等方面。对于一所正处于办学特色成长期的新建民办高校,凝练和发展办学特色的路径一般包括:形成独到的办学理念,重点扶持1~2门优势学科,加强相应的优势特色专业建设,打造一支高水平的教师队伍,构建多样化的人才培养模式。一所学校的社会影响力突出体现在学校的学科建设和人才培养质量上。所在,大学根据自己的独特优势发展某些重点学科,使之成为优势学科,并率先在自己的优势学科领域为社会发展做出显著成绩,是大学形成办学特色的重要切入点"。因此,民办高校的特色建设要特别注重服务地方经济社会发展的优势学科和优势特色专业的建设,不求面面俱到,但求点的突破。

三、塑造民办高校的教学质量文化

(一)高校质量文化的内涵

高校质量文化移植于企业质量文化。美国质量管理学家朱兰在其著作《质量控制手册》中提出:"质量文化是人们与质量有关的习惯、信念和行为模式，是一种思维的背景。""质量文化"概念首先应用在企业管理领域，使全面质量管理获得了较好的发展，极大地提高了企业的效益。20世纪90年代，一些国际质量管理机构就开始重视并加强质量文化的研究。美国质量学会提出了质量文化的四个层级，即质量的物质层级、行为层级、制度层级和道德层级，其中道德层级代表着质量文化的核心内容和最高境界，也是质量文化建设的最终目标。随着世界高等教育质量保障运动的兴起和发展，以及高校质量保障制度的逐步完善和质量管理研究的深入，企业的质量文化被引入高校的质量管理之中，成为高校超越制度建设等技术手段之上的一种新的质量管理形式。

（二）高校质量文化的主要特征

高校质量文化既是一种独特的文化，也是一种质量管理的形式，主要具有以下特征。

1. 高校质量文化是在实践中有意识形成的

一般来说，文化都是无形中不自觉地形成的，是受社会、经济、政治等因素的影响，于人的主观意识之外形成的。但是高校质量文化不一样，它虽然自高校办学以来不自觉地存在着部分质量文化的元素，但是它的形成是需要依靠学校领导者的亲自推动，是全校师生员工在学校领导的亲自带领下努力实现质量目标的过程中逐步形成的。它的形成是有意识的，是在质量管理的实践中，不断总结经验和教训，上升为质量文化理论，然后再指导实践，在实践中培育进而形成一种精神文化。

2.高校质量文化具有特定的层次结构

高校质量文化同企业质量文化一样具有物质层、制度层、行为层和道德层四个层级的结构。物质层级的质量文化是高校质量文化的最表层部分，是大学质量管理理念在具体的教学、科研、服务等质量管理过程中的物质外化，包括学校的建筑与教学环境、软硬件条件和后勤服务设施等；制度层级的质量文化是指各种规章制度、行为准则、工作流程等的总和。质量制度文化的形成必须建立在制度的强势执行上，只有严格遵守和严格实施制度，才能逐步形成一种自觉自律的文化特质。行为层级的质量文化是组织内部各部门及员工在制度的规范与约束下所采取的行为模式以及传统习惯，比如开学典礼与毕业典礼的隆重仪式、学生穿着校服、佩戴校徽、住集体宿舍、定期举行沙龙等。道德层级的质量文化是深入灵魂的最高境界，是高校质量文化的核心内容。当教育教学的质量愿景、质量目标、质量方针、质量态度和价值观等方面渗透到高校全体教职员工的思想和心灵，成为共同的价值观、行为模式和信念时，质量文化就上升到了精神层，即道德层级。道德层级的质量文化对制度层、物质层、行为层的形成起着决定性的作用。

3.高校质量文化是一种具有管理功能的文化

高校质量文化是在实践中形成的一种高度理性的文化，它有明确的目的（即实现质量目标），有特定的手段（即文化手段），因而高校质量文化具有管理的功能。高校质量文化的功能主要体现在以下四方面。

（1）凝聚人心的功能。高校质量文化建设有利于师生员工对学校的质量管理理念、质量目标、质量方针、质量标准、质量管理制度等形成共同的价值观，把个人的前途与学校的发展紧密结合起来，树立"提高质量，人人有责"的文化氛围，改变过去那种"事不关己，高高挂起"的质量态度，构建"人人都是管理者"的全员、全过程、全方位参与的质量管理理念，从而使全校上下同心协力，为提高学校的教学质量奠定基础。

（2）规范与约束的功能。高校质量文化内含明确的价值目标和质量追求，同时依靠文化渗透和大学精神的激励，使人们在潜意识中感觉有一种无形的约束力，制约和影响着人们的行为，从而弥补规章制度的不足，当然这种精神与道德层面的约束力也来自大家都认同的质量管理制度和规范。

（3）激励与促进的功能。高校质量文化既是一种精神约束力，同时也是一种"精神驱动力"。因为，高校质量文化一旦形成，对学校的质量建设就具有导向作用，无形中把全校师生员工都引导到实现质量目标上来，通过潜移默化的作用影响师生员工的行为，促进教职员工的质量意识和职业道德素质的提高。

（4）品牌塑造功能。学校的品牌更多来自高质量的毕业生，而高质量的学生培养离不开学校的质量建设。高校质量文化对内具有质量管理的功能，对外又是一种质量"承诺"，是高校质量提升的持久动力，作为高校校园文化的重要组成部分，对高校品牌的塑造具有十分重要的作用。

4. 高校质量文化是一种持续改进的动态文化

衡量高校教学质量高低的主要标准是"顾客需求的满足程度"，"顾客"包括学生、学生家长、用人单位、政府等利益相关者，尤其是学生和用人单位，顾客的需求不是一成不变的，会随着经济社会的发展而改变，高校的质量目标与标准等就要作相应的调整，因此，高校的质量文化也是动态变化的。高校质量文化对内具有管理功能，其目的就是更好地实现质量目标，而实现目标的过程是具有很大的不确定性的，受多种因素的影响，因而必须建立相应的控制与改进机制，使实现目标的过程始终不会偏离方向。高校质量文化不是僵化的，而是持续变革与改进的，是一种持续改进的动态文化。

（三）民办高校教学质量文化建设的策略

高校质量文化通过"以文化人"的方式，使全校师生员工对学校质量愿景、质量目标、质量方针、质量标准、质量管理制度规范等产生认同感、责任感，并对质量目标的实现具有使命感。民办高校作为新建地方本科高校，要把教学质量保障体系的建设与高校教学质量文化建设统一起来，同向同行。

1.强化教学质量信念，构建质量愿景

信念是强大的精神力量，有了坚定的信念，就能振奋精神、克服困难，即使遇到再大的挫折，也不会轻易放弃。教职员工在高校的教学质量建设中起着决定性作用，而其作用的发挥，又受教职员工教学质量信念的影响。有些学校基础管理工作逐年在完善、制度建设逐年在加强，但是人才培养质量却提高得不明显，究其原因就是缺少质量文化中最核心、最为有效的精神信念，缺少员工主动、自觉提高教学质量的积极性。"教学是一个良心活"，不解决教职员工的思想问题，就是治标不治本，就不可能持久地提高教学质量。教学质量信念是高校全体教职员工努力做好本职工作，主动提高工作质量，进而提高整体人才培养质量的自觉性的综合反映。教学质量文化的培育，需要在全体教职员工中不断强化教学质量信念，使其成为全体教职员工的共同价值观。

教学质量信念不是凭空或靠宣传就能培育出来的，最关键的因素在于高校是否拥有一个深入人心而明确的质量愿景。民办高校办学历史不长，在着力建设教学质量保障体系的起始，首先就应构建一个明确的质量愿景。愿景是充分相信人、尊重人、激励人，以人为本的文化理念，着力开发和挖掘人的内在潜能，把个人自我价值的实现与组织的美好未来紧密相连，形成一种共同的价值理念，在促进人员活性化的同时，也创造组织的活力和成功。愿景是内在的而不是相对的，它是员工渴望得到某种事情的内在价值。彼得·圣吉提出：共同的愿景可改变人们与公司的关系，它创造出一种共同的特色，并使每个员工总是从"我们公司"而不是从"他们公司"角度考虑问题。质量愿景是质量理念、质量思想和质量价值观的总和，实质上是质量文化的精神层。比如海尔集团在创建初期曾有一个"砸冰箱"事件，海尔集团总裁张瑞敏用大锤砸毁了76台有质量缺陷但尚可用的冰箱，用这样的实际行动向每个员工传递海尔的质量信念。这件事"砸"出了海尔员工的质量意识。此后，海尔集团进一步提出了"高标准、精细化、零缺陷"的质量理念，提出了"提供有全球竞争力的产品，最大限度地满足顾客和相关方的需求，成为世界名牌"的质量方针，提出了"第一次做好就是最佳质量成本"等质量信条。这些质量理念、质量方针和质量信条构成了海尔集团的质量愿景，成为海尔集团全体员工共同的质量信念，促进了海尔集团的快速健康的发展，高校的质量文化建设首先要建立质量愿景，重点是在全校范围内形成关于办学质量的共同认识，确立共同的质量价值观，以此达成全校质量管理的地位、质量准则与标准的共识，形成具有自身特色的办学思想和质量文化。

质量信念和质量愿景的构建主要取决于领导的信念，要充分发挥校院两级领导的推动作用和示范作用。教学工作中心地位不是一句空话，而是需要各级领导身体力行。民办高校的主要领导是质量愿景的倡导者、决策者、推动者、组织者、示范者和指挥者，质量文化的建设需要依靠行政力量积极推动。校院各级领导要积极学习质量建设理论，更新质量观念，积极宣传贯彻学校的质量理念、质量方针、质量目标、质量标准和质量管理举措等，身体力行做好示范。

2. 坚持"以学生为中心"，确立质量战略

学生是高校最重要的"顾客"，学生的需求同时也代表了社会的需求、用人单位的需求。对于民办高校来说，学生更是学校存在与发展的"衣食父母"，因此，"一切为了学生，为了学生的一切"应当成为民办高校的重要办学理念。民办高校建设质量文化，要坚持"以学生为中心"，把提高人才培养质量确立为学校发展的核心战略。

教育的最终目的是培养人，是促进学生的发展。以学生为中心，就是要把学生及其发展作为教育的目的，要确立和尊重学生在教育活动中的主体地位，尊重学生的个性特点，让学校的一切活动都为满足学生的成长和发展而设计和组织。围绕学生刻苦读书来办教育，引导学生求真学问、练真本领，是回归教育的常识。在教学中，学生是主体，教师是主导，学生不"学"，教师怎么教都没用，尤其是在信息技术高度发达的今天，学生获取信息和知识的渠道越来越多样，获取的内容越来越丰富多彩，教师的教学理念和教学方式方法必须要进行转变。教师的"教"是为了学生更好地"学"，因此，"以学生为中心"来确立学校的质量

战略，就是学校的所有工作都要围绕学生而展开，质量建设的理念要从以前保障教师的"教"及其条件建设转向保障学生的"学"及其"学"的条件建设上来。学校的校园环境建设与生活设施的建设要从有利于学生的成长和发展的角度展开，学校的实验室建设、图书资料建设、教室环境的改造、实习实训基地的建设以及师资队伍建设和各种教育教学的改革都要围绕是否有利于学生的"学"而展开，从而更好地保障每个学生的健康成长和个性化发展的需求。

3. 丰富质量管理工具和方法，建设学习型组织

建设高校质量文化，需要在实践中创造和发展新的质量管理工具和方法。海尔集团在经营管理中提出了"斜坡球体理论"，认为企业如同斜坡上的球，市场竞争和员工的惰性产生下滑力，基础管理是止动力，创新是上升力，企业同时受到这些力的作用，不进则退。根据这一理论和全面质量管理的全员、全方位、全过程的原则，创造性地提出了"OEC"管理方法，意思是"每天的工作每天完成、每天清理，并且每天都要有提高"。高校质量文化的建设也需要应用和创新质量管理的工具和方法。比如"向课堂45分钟要质量"的行动目标，建立学生、同行、督导、领导等"四位一体"的课堂教学质量评价办法，推出"学分制、选课制、

导师制"等举措，使教师把精力投入教学中，促进教师的优胜劣汰，推动课程教学质量的提升。

培育质量文化，需要建设学习型组织。提升教学质量，教师是关键。在科学技术快速发展的今天，教学内容、教学方法、教学手段都需要不断更新，教师的教育教学能力和水平也需要不断提升，因此，高校要加强教研室等基层教学组织的建设，把基层教学组织建设成为一个学习型的组织，既有利于教师积极吸引外部的新思想、新知识，也有利于教师间相互学习，相互提高，培育质量文化，各级行政管理组织既是管理者、推动者，也是执行者。要提高管理人员的执行力，也需要建设学习型组织，积极开展质量管理的理论和方法的学习和研究，提高行政管理人员的教育理论和管理理论水平，充分理解学校的办学理念、质量理念，创造性地开展质量管理工作。质量文化建设是一个不断学习、运用、总结、创新的过程，通过学习型组织的建设，可以深入、广泛地开展教学质量保障的宣讲与培训。质量文化建设要从树立愿景、改变心智入手，从领导做起，学习新理论、创立新模式、规范新行为、养成新习惯、形成新文化，层层推进。

4. 注重内外结合，加强教学质量保障体系建设

再好的质量愿景和质量信念，如果不把质量管理付诸实践，一切都是空谈高校质量文化的建设，必须构建一整套的质量保障体系。目前我国的高等教育外部质量保障体系已经不断得到健全，尤其是建立了"五位一体"的本科教学评估制度，对我国高等教育质量的保障起到了十分重要的作用。外部质量保障体系历经几十年的实践，汇聚众多专家学者的智慧，已经相当成熟，其各类评估指标体系直指高等教育质量的"要害"，高校在建立内部教学质量保障体系时可以充分参考外部质量评估指标体系，从中领会精神，抓住"要点"，内外结合，在此基础上突出和保障学校的特色与优势，从而使高校内部教学质量保障体系更加科学和更具生命力。

通过教学质量保障体系建设，物质层面的质量文化，如学校校园环境建设、设施设备建设、实验室与图书室资料建设、师资队伍建设等可以紧紧围绕育人中心，以优质的资源保障教学质量；制度层面的质量文化，如学校各级各部门的职责和分工、各项工作的流程、各种工作制度和奖惩制度得以建立健全，使学校的质量精神成为全体师生员工共同遵守的行为准则；行为层的质量文化，如学校的校风、教风、学风、各种典礼

仪式等，成为全校上下的自觉行动；精神层面的质量文化，如质量理念、质量方针、质量目标等，成为全校上下共同的价值观，使提高教学质量真正成为每个教职员工的内在追求。

第二节　民办高校教学质量建设的对策建议

要提升民办高校的教学质量，除了要建立健全教学质量保障体系外，还必须加强民办高校教学质量形成的关键要素建设。本节主要就加强师资队伍、生源、经费与教学条件、课程等四个影响浙江省民办高校教学质量的关键要素的建设提出若干对策建议。

一、提升民办高校师资队伍质量的对策建议

民办高校师资队伍质量提升需要营造良好的外部环境，加强民办高校内部的师资队伍培养和管理。

（一）加强民办高校内部的师资队伍培养和管理

1. 做好师资队伍建设规划

学校战略目标的实现最重要的因素是教师。师资队伍的建设规划要与学校的战略目标实现相匹配，一般要明确三方面内容：一是教师队伍的数量和结构要与学校的战略目标相匹配，达到教育目标的要求；二是在实现战略目标的过程中，教师也得到了相应的权益和成长；三是要建立与学校发展相适应的教师资源动态调整机制。师资队伍建设规划的质

量,直接关系到教师资源的配备和建设质量。比如,民办高校一般都定位为教学型高校,以培养应用型人才为目标,围绕这样一个定位与人才培养目标,师资队伍建设规划就应该突出建立一支"双师双能型"教师队伍,要突出教师应用能力的培养培训,采取切实有效的措施来实现这样的师资队伍建设目标。

2. 提高教师的薪酬待遇和保障

薪酬待遇与社会保障是民办高校引进与留住人才的最重要因素。民办高校想要延揽人才,最重要的是确定合理的薪酬标准。薪酬标准的确立:一要进行同城比较,一般应不低于同城公办本科高校的水平;二要注意薪酬与工作任务的匹配,以免大材小用,浪费资源,也要避免小材大用,浪费资金;三要注意校内原有教师与新引进人才的薪酬公平,一般来说,引进人才的薪酬与学校已有教师的薪酬的区别主要体现在绩效上,基本的薪酬标准应该一致,可以实行按贡献分配的原则,适当拉开不同职级教师之间的薪酬差距;在目前全国高校"抢人才"的背景下,民办高校一定要对人才有一个准确定位,不要好高骛远。要注重"筑巢引凤",解决教师的住房问题,使教师能够安居乐业。在实际人才引进中,给予引进人才的住房条件的优劣决定了学校在人才市场中的竞争力。另外,要尽快依法保障民办高校教师的各项权益（如养老保险、医疗保险、职业年龄、教龄计算、职称评定等），尽量提高相关待遇，妥善解决青年教师普遍关心的住房和子女上学等问题，使其没有后顾之忧，能够安居乐业。

3. 做好师资招聘工作，提升起点质量

民办高校要招聘到自己需要的好老师，一般要做好以下工作。

（1）明确需求，确定招聘标准。在招聘之前应该对学校的学科专业建设对教师的需求有一个充分的规划，明确招聘教师的学科专业背景、职称与学历要求、教学与科研条件、思想品德与身心要求等。

（2）广泛宣传，把招聘信息传递到尽可能多的符合招聘要求的对象中。一是通过专业的招聘网站进行宣传，比如高校人才网、中国硕博人才网、博士人才网、智联招聘等，需要支付相应的宣传费用；二是通过学校官网宣传，借助于学校的知名度，对有意向的人才做宣传，直接找到学校官网来了解招聘信息的人才，往往意向比较明确，需要对其特别关注；三是通过参加有关单位组织的人才招聘会，与应聘人才直接面对面交流与宣传；四是直接到有关高校去招聘所需人才，这种招聘形式往往适用于专业性比较强，相关人才培养高校数量不是太多的人才，比如招聘捷克语教师，国内培养捷克语人才的高校只有少数几所，因此可以直接联系相关学校和院系，前去定点招聘；五是通过各种人脉关系介绍并上门拜访联系洽谈，对于高层次的学术领军人才的引进通常需要采用这种方式，没有"三顾茅庐"的诚意是很难引进"大才"的；六是登报招聘高层次人才；七是委托相关的猎头公司引进人才。

（3）通过查阅简历、组织面试等方式进行甄别。对照招聘条件，对应聘者的简历进行审阅，对于符合条件的应聘者应尽快组织面试，进行面对面的洽谈。

（4）对有意向引进的人才要建档并跟踪联系，尽快签订聘用合同。学校领导、人事处、各学院院长等对于看中的人才一定要放下架子，发扬"三顾茅庐"的精神，用诚意感动对方，使对方最终与学校签订劳动合同或聘用协议。

（5）签订合同后要做好各种人才服务，让教师感觉到温暖。

民办高校在招聘人才中要避免过于注重学历、职称、科研成果的现象，要加强对教师的综合素质与思想品德的考察。笔者在担任人事处长期间，就曾遇到过以下几种教师：品行有欠缺的，比如在原单位因与学生发生不正当男女关系受处分的；政治有问题的，比如邪教信仰者；心理有问题的，比如精神有时不大正常的；等等。这些方面，只经过短暂的面试是很难考察出来的，需要深入地了解，比如通过查阅个人档案、实地政审、委托别人去原单位了解等途径，对拟聘用人员进行了解，以确保引进人才的质量。

4. 建立和完善师资队伍培养培训机制

在对浙江省四所民办高校学生的调查问卷中可知，民办高校教师对"教学方式方法"和"教学效果"的满意度是比较低的。民办高校年轻教师多，大部分又是非师范专业毕业，在教育教学方面几乎没有经验积累，因此教师队伍的培养培训对于提高教师的教学能力和水平至关重要，对于提高人才培养质量至关重要。笔者认为，对民办高校教师的培养培训应该从以下几个方面入手。

（1）抓好新教师岗前培训。岗前培训是针对所有新教师的，这里的"新教师"包括刚从大学毕业的新教师，也包括从其他高校引进新入职学校的教师。新教师岗位培训应主要开展学校的办学历史、校园文化、学校的办学理念、使命、愿景、校训、人才培养目标与定位等方面的培训，让新教师尽快融入学校。对于刚从大学毕业的新教师，还应另外专门组织岗前培训，比如获取大学教师资格证的必备课程教育学、心理学、教师伦理与法规等课程的培训，另外还应开展教育教学技能方面的培训，比如如何备课与撰写教案，如何出一份高质量的试卷，如何组织课堂教学，如何使用多媒体教学设备，如何利用国家和省市的精品在线开放课程资源进行翻转教学，如何建设在线课程、开展线上线下混合式教学等教学技能培训。

（2）建立校内教师定期培养培训机制。首先要围绕学校的发展战略和人才培养目标，制定学校师资队伍建设的中长期发展规划，完善学校教师发展中心的组织机构设置，学校每年应设置相应的教师培养培训经费预算，由教师发展中心统筹使用与安排。其次教师发展中心应根据不同年龄、学历、职称、专业的教师的实际情况制定个性化的教师培养培训计划，有针对性地开展教师培训工作，再次，要设计可持续发展的培训内容。应把提高教师的思想政治素质、教育教学理念，提高教师的教学水平、科研水平、管理水平，优化教师队伍的知识、学历、职称结构等作为教师培训的主要内容和任务。最后，建立灵活、开放的教师培训模式。可以通过聘请专家学者来校做讲座、作辅导报告、开展教学工作坊，送教师去其他学校接受集中培训、听课与教学观摩，鼓励教师去国内外高校进修、访学，鼓励教师进入企业挂职锻炼，鼓励教师参加跟所学专业紧密相关的研讨会、长短期培训等方式进行教师队伍的培养培训，通过继续教育学分（学时）的形式，要求教师有计划有目的地完成相应的进修提高的任务，使教师的知识能够及时更新，应用现代化教育技术的能力和水平能够不断得到提升。

（3）加强"双师双能型"教师队伍建设。民办高校普遍定位为教学型高校，以培养应用型人才为目标。然而民办高校的教师较多是刚从大学毕业的，缺乏实践与应用能力，这与民办高校的办学定位与人才培养目标定位十分不符。对浙江省四所民办高校学生的调查问卷也反映了学生认为"实践教学"是非常重要的，民办高校在"实践教学"方面还需要不断加强与提高质量。培养应用型人才需要建设一支"双师双能型"教师队伍。教育部、国家发展改革委、财政部在《关于引导部分地方普通本科高校向应用型转变的指导意见》中明确提出了"加强'双师双能型'教师队伍建设"的要求，指出培养应用型人才的教师队伍不仅要注重"双师"资格，而且要注重教师的"双能"素质，所谓"双师"资格是指教师既具有高校讲师的资格，同时又具有诸如工程师、会计师、经济师的资格；所谓"双能"素质是指教师既具有胜任专业理论教学的能力，同时又具有专业实践教学的能力。"双师双能型"教师队伍建设的成效，直接关系到应用型人才培养的质量。

民办高校的"双师双能型"教师队伍建设可从两个方面入手：一是着力形成教师队伍的"双师双能"结构，即在目前自有专任教师以理论教学为主的情况下，聘请具有丰富实践经验的行业或企业专家为兼职教师，指导学生进行实践，形成"自有专任教师＋外聘兼职教师"的"双师"结构，这是目前民办高校在短期内能实现的目标；二是加大对自有专任教师实践教学能力的培养，主要可以通过送教师去合作的实践基地挂职锻炼，让教师参与企业的应用研究，引进企业到学校建立实验室（生产线）或办事处，让自有教师参与这些实验室或办事处的工作，跟随企业派驻的专家学习实践技能，让自有教师掌握实践技能、了解生产过程、熟悉具体操作等，使教师发展成为既能进行理论教学，又能有效指导学生实践的"双师双能型"教师。

. 建立和完善教师考核、评价与激励机制

赫兹伯格的双因素理论认为，激发人的动机的因素有两类：一类是保健因素，比如社会保障、医疗保障、工资水平、工作环境、福利和安全等,这类因素达到标准就不会使人"不满意",能起到维持现状的作用,但如果没达到,则会引发"不满",进而影响工作的积极性;另一类因素为激励因素,如上级表扬、晋职加薪、成就感等,这类因素可以提高人的工作积极性,激发人们争取更好的表现的动机。因此,民办高校的师资队伍建设,既要重视社会保障、住房公积金等保健因素,也要重视工资、职务晋升等激励因素,尤其是要做好教师的考核评价与奖励工作。

(1)要建立和完善教师的考核评价机制。首先要尽量减少考核。民办高校教师工作量大、任务重,要尽量减少考核的次数,把能整合的考核尽量整合,不要重复考核。其次,考核要做到公平公正。如果失去公平公正,考核只能起到负面作用,而无法实现考核的最终目的。再次,要做好考核结果的利用,对优秀的要表扬,对不足的要令其改进,对太差的要采取相应的惩戒措施,使考核起到激励先进、鞭策后进的作用。

(2)要建立和完善奖励机制。高校教师的工作与企业员工的工作性质大不一样,教师的工作很多是凭"良心"的工作,是讲究学术自由的创新性工作,因此,高校教师的业绩不是靠"考核"出来的,而是靠"奖励"出来的。完善的奖励机制对于促进民办高校教师的工作积极性具有十分重要的作用。要建立与完善教学优秀的奖励机制,比如设立教学优秀奖、教学名师奖、教坛新秀奖等，对教学质量高的教师进行嘉奖；对指导学生发表论文、取得学科竞赛好成绩等的教师要进行奖励；对积极参加教学技能提升比赛并获奖、积极参加教育教学改革并获得教学成果奖等的教师要进行奖励；对取得省部级及以上教学科研项目、发表高层次的科研论文等的教师要进行奖励。这些奖励要跟工资绩效挂钩，跟职称晋升挂钩，跟各级各类人才称号挂钩。完善的奖励机制是师资队伍建设的重要内容，也是加强师资队伍建设的重要途径。

二、提升民办高校生源质量的对策建议

生源质量好比工厂生产产品的材料质量，材料质量差，即使用最好的生产工艺，也很难生产出高质量的产品。因此，要提高民办高校的教学质量，首先要提升民办高校的生源质量，教学质量要从招生这个源头上开始抓。

（一）提升办学综合实力，打造特色专业与品牌

在我国高等教育正从大众化向普及化迈进的阶段，高校招生已经从卖方市场转变为买方市场，民办高校要想从竞争中赢得市场，唯有走发展之路，不断提高自身的综合实力，打造特色专业与品牌。

1. 优化学科专业布局，走差异发展之路

民办高校的优势主要就是体制机制的优势，在专业布局与设置方面相对也比较灵活。民办高校应该紧密结合地方经济社会发展需求，明确自身的办学定位，确定学校重点发展的领域，对接相应的产业链或行业设置若干个专业，形成专业群，尽量不与地方其他高校重合，同时充分发挥民办高校的优势，根据经济社会发展变化，及时调整专业及其培养目标与规格，走差异化发展的道路。

2. 加强教学基本建设，提高人才培养质量

教学基本建设包括学科建设、专业建设、课程建设、教材建设、实践教学基地建设、学风建设、教学队伍建设、管理制度建设等，它们是保证教学质量的最重要的基础性建设。民办高校应遵循教育的基本规律和人才成长规律，规范办学，加强教学基本建设，不断提高人才培养质量。比如，推进学分制，深化人才培养模式改革；加强实践教学平台建设，提高学生实践动手能力和创新能力；加强课程资源建设，提升课程建设水平；优化专业结构，加强专业内涵建设；规范"质量工程"管理，凸显项目建设成效；重视教学改革研究，培育教学成果；加强教学质量监控，完善质量管理体系等。

3. 加大人才引进与培养力度，改善师资队伍数量与结构

对民办高校来说，师资队伍是一个薄弱环节。在招生过程中，有一支强有力的教师队伍是吸引考生报考的重要因素。因此，民办高校必须要加强师资队伍建设，舍得投入，改善人才引进条件，大力引进高层次人才。另外对自有的年轻教师要注重培养，努力提升其学历和职称。民办高校要提升办学实力，加强师资队伍建设是最需要重视的。

4. 凝练学科专业特色，打造特色专业与品牌

特色实际上就是质量，就是竞争力。因此，民办高校要有品牌意识，要不断凝练学科专业特色，举全校之力重点建设若干个专业，使这几个专业的办学条件、师资队伍、培养质量等与同类高校相比具有明显的优势与特色，从而形成学校的品牌。有了品牌与良好的口碑，学校就能获得考生及家长的认可，就会有更多学生报考民办高校。

（二）改进招生工作质量，提升民办高校招生能力

生源是民办高校的命脉，但要招收到满足学校发展需求的优质生源，学校除了要提升教学质量之外，还需要改进招生工作质量，提升民办高校的招生能力。

1. 打造一支专业招生队伍，提高鉴别选拔能力

提高生源质量，简言之就是选择招收优秀学生。《关于深化考试招生制度改革的实施意见》就已经明确提出"探索基于统一高考和高中学业水平考试成绩、参考综合素质评价的多元录取机制"，这个简称"两依据一参考"的高考新政要求高校"研究提出"两个方面的方案，即根据不同的专业要求，提出高中学考科目要求与综合素质评价的使用办法。这实际上就是对高校鉴别选拔考生的能力要求。所招生专业需要考生具备什么样的知识、能力、素质要求？如何来测量与鉴别考生的这些知识、能力和素质？哪些选考科目能反映这些要求？哪些方面的素质评价能反映招生专业所需要的素质？等等，这些问题都是需要高校深入研究的。

民办高校要提高生源质量，必须建立起一支专业化的招生工作队伍，这支队伍应当熟知招生政策与招生全过程，对学校的办学理念、办学特色，对所招生专业的培养目标与定位、办学实力与特色、毕业生就业去向等都有比较全面的了解，因此，对招生工作人员必须进行专业化与职业化建设，必须实行培训上岗制。

（二）完善政策支持体系，落实民办高校招生自主权

政策是规范和影响民办高校招生考试的最重要因素，因此改进民办

高校招生考试工作，最主要的就是完善国家和地方政府对民办高校招生考试的政策体系，落实《高等教育法》赋予民办高校的招生自主权，落实国务院《关于深化考试招生制度改革的实施意见》精神，尽快取消录取批次，实行本科高职分类招考，尽快落实"两依据一参考"的高考改革新政，建立多元录取制度。

1. 本科与高职学校实行分类考试与招生

根据联合国教科文组织的分类，博士研究生以下的高等教育属于第五层次，而这个层次的高等教育为5A和5B两类，5A是指普通高等教育，3B是指高等职业技术教育，这两类教育是两种不同类型的高等教育，而不是两个层次的教育。而我国现行的高考按批次录取，显然是把本科与高职当作两个层次，而不是两种类型，这种现象必须被改变。普通高等学校的招生考试重点考查的是考生的基础知识及灵活运用知识的能力。高职院校的招生考试重点要考查的是考生的技能。普通高校的生源重点是普通高中毕业的学生与部分中职毕业生；而高职院校的生源重点是中专、技校毕业生和部分普通高中毕业生。因此，本科与高职学校应该实行分类考试与招生。

2. 建立职业资格证书与行业准入制度

我国的民办高校都属于新建的本科高校，基本上属于应用型高校，以培养应用型人才为主。应用型人才的培养目标与规格和经济社会发展的各个行业或岗位是需要有一定的对应关系的。在我国，要提高应用型人才、民办高校与民办高校毕业生的地位，迫切需要建立起职业资格证书与行业准入制度。根据社会经济分工，对要从事某个行业或岗位的人，建立起相应的知识、能力、素质的明确要求或标准，而根据这个标准建立相应的职业资格证书标准，并且明确行业准入制度，想要进入某个行业工作就必须考取相应的职业资格证书。而我们的应用型本科教育应该包含相应的职业资格证书内容，使学生毕业后就可以相应获得毕业证书和职业资格证书。这样民办高校毕业的应用型人才的社会地位等将会得到明显提高，报考民办高校的学生将会更多。

3. 扩大自主招生，建立多元录取机制

民办高校实行自主招生，既适应了高校招生制度改革大趋势，也是民办高校应对生源危机、建设高水平民办大学的现实需要。招生自主权本来就是《高等教育法》赋予高校的一项办学自主权，因此，民办高校应扩大自主招生，建立多元录取机制。张亚群教授认为自主招生有三层

含义：一是自主招生的"生"，不仅包括"特长生"，而且包括适合不同类型高校培养的优秀生源；二是自主招生的"招"，既包括高校单独考试，还包括推荐审核、联合考试或统一考试等形式；三是自主招生的"自主"不是完全不受约束的招生选拔权，它要受到国家相关法律、法规和社会文化的约束。所谓自主招生，是指高校在国家法律和政策允许的条件下，以权威性的考试与评价成绩（如统一高考成绩、高中学业考试成绩、高中综合素质评价、雅思、托福成绩等）为基本依据，然后对学生进行面试、甄别，必要时也可以组织笔试，学校和学生进行双向选择的招生模式。民办高校自主招生，是指民办高校在国家核定的招生计划总数内，由民办高校自己决定招考标准，自己选择招考方式，自主招生录取了。

总之，提高民办高校生源质量既需要政府宏观政策的保障，给民办高校一个公平公正的招生地位，也需要民办高校自身苦练内功提高招生能力。

三、改善民办高校经费与教学条件的对策建议

经费与教学条件对教学质量起支撑作用。有了充足的经费就可以大力引进优秀教师，大力培养青年教师，尽可能改善教学条件，为教学质

量的提升提供强有力的软硬件保障。

1. 处理好民办高校规模与质量的关系

2008年之后是我国民办高校发展的中后期阶段（主要是从高职升格到本科办学，再争取研究生培养的阶段）。

在前期发展阶段，民办高校是以数量求生存，以生存求发展阶段，"规模"对于民办高校来说至关重要。"规模"既包括校园面积、建筑面积，还包括师生数量等，而最重要的是学生人数，因为有了学生就有学费收入，有了收入，学校就能生存与发展，规模是提升质量的前提。这一时期一批民办高校趁高等教育大扩招之际，迅速扩大规模，在民办高校中脱颖而出。在民办高校发展的，受招生人数限制，规模效益已经不再突出，人民群众对高等教育的需求也逐渐提高，因此，民办高校要生存与发展就必须提高教学质量，没有质量就没有生存，质量成为我国民办高校生存和发展的前提。

2. 积极开拓等融资渠道，增加学校的经费来源

（1）依法积极主动争取政府资助，提高财政拨款金额，新修订的《中华人民共和国民办教育促进法》第四十六条指出，"县级以上各级人民

政府可以采取购买服务、助学贷款、奖助学金和出租、转让闲置的国有资产等措施对民办学校予以扶持；对非营利性民办学校还可以采取政府补助、基金奖励、捐资激励等扶持措施"，因此，民办高校可以依法积极向当地政府申请办学经费补助，提高财政拨款额度。

（2）丰富校理事会成员，争取社会多方捐助。政府的物质扶助与政策支持，在很大程度上是民办高校积极争取的结果。在这方面近代私立大学有许多经验可供参考。在美国，私立大学的董事会规模要比公立学校大得多，成员可达到50~60人，在学校的章程中也都强调董事会代表利益的多样性，强调董事会成员应有不同的学历和社会背景。董事会成员的多样性，加强了大学与社会的联系，有助于办学经费的筹措。

（3）成立校友基金，扩大校友捐赠收入。积极组建校友会，组织各种校友活动，为校友发展提供相关服务，积极争取校友的捐赠，可以通过设立奖助学金、创业基金等形式，增加校友的捐赠收入。对于捐赠人士，学校可以采取建筑物冠名或把画像、姓名等置于校内等形式，以示"吃水不忘挖井人"，鼓励更多的人捐款。

（4）结合学校特色，做大做强继续教育，增加教育事业收入。民办高校应该结合地方经济社会需要举办学科专业，然后结合学校特色，面向社会开展各类人才培训或技能培训与地方政府合作,承接各类考试与培训,扩大成人学历或非学历教育,做大做强继续教育,增加学校的各种学费收入、培训费收入、住宿费收入、食堂餐饮收入等教育事业收入。

(5)深入开展地方合作,积极提供社会服务,增加科研事业收入。通过深入开展地方合作,积极承接科研项目,与企业开展科研协作,通过申请发明专利,促进科研成果转化等途径,增加科研事业收入。

(7)在市场允许的范围内,适当提高学费和住宿费。提高学费和住宿费是需要非常慎重的,必须以学校更高的服务质量与更高的教学质量为基础,否则会适得其反。

(8)利用民办高校体制优势,开展一些投融资活动。比如成立学校发展基金,成立基金管理公司,或委托投资公司运作,购买理财产品,投资兴办产业等,不断增加储备金,获得更大的收益。

3. 做好经费使用规划,建立教学环境逐年改善计划

有了经费之后,民办高校应当对经费使用做好规划。建议提前做好当年、三年、五年甚至十年的规划,根据学校发展战略的实施,提供经费保障。经费使用规划中应有专门的教学环境与条件逐年改善计划。民

办高校从规模扩张阶段发展到现在的规模稳定阶段,原来在快速扩张过程中置办的一些课桌椅、教室的装修设施、实验室的仪器设备都会有些破旧与过时,为了跟上时代的发展,尤其是现代信息技术的发展与现代教育技术的广泛应用,民办高校的教学环境与条件大都需要改善与更新。因为经费有限,所以民办高校应当建立"教学环境与条件逐年改善计划",比如智慧教室与实验室的建设,可以一层一层地改造,也可以一摊一摊地改造,总之,每年应该预算一部分教学环境改善经费,用于教学环境与条件的更新。

4. 利用校企合作机制,改善实验实践教学条件

民办高校立足应用型人才培养目标,就要深入开展校企合作。除了引进企业专家进课堂教学,与企业共同制定人才培养方案、共同开发课程之外,还可以和企业共建实验室、工作室等,甚至可以引进企业的生产线,学校提供场地,让企业把最新的生产设备引入学校,使学生能通过实践获得最新的技能,实现与市场就业的"零距离",同时也极大地改善学校的实验实践教学条件,弥补学校实践经费的不足。

四、加强民办高校课程建设的对策建议

课程是教学质量保障体系建设的核心要素,课程质量决定了教学质量。因此,针对民办高校课程建设存在的问题,需要着力加以改进。

1.课程目标要尽可能明确具体,形成完整的课程目标体系

在具体的实践中,一般把培养目标分成三个层次:第一层次是总述,就是对人才培养的方向、使用规格和知识、能力、素质等方面的总体要求;第二层次是人才培养规格和要求,主要是对知识、能力、素质三方面进行具体阐述,其中"知识"一般包括学科专业基础知识、专业知识、通识等三方面内容,"能力"一般包括专业能力(技能)、方法能力(工作方法、学习方法等)、关键能力(沟通、表达、思维、合作等)等内容。"素质"一般包括思想政治、职业道德、情感、态度、兴趣等内容;第三层次是具体中观、微观课程的目标和教育教学活动的目标,是对人才培养规格和要求的进一步细化。三个层次目标构成了一个完整的课程目标体系。

要做好课程目标的制定,可从以下四方面入手。

(1)立足于学生的实际,当前我国民办高校的学生在学习基础、学

习习惯、学习方法等方面在同龄的考生中处于中间层次，比考上北大、清华等一流研究型大学的学生要差，比进入高职院校学习的学生要好一些，但在其他的如社会活动能力、动手实践能力、形象思维能力等方面可能就比较好。笔者在本书第四章第二节中对民办高校的生源现状做了详细分析，民办高校在确定人才培养目标时，必须考虑学生生源的实际，确定一个可达成的培养目标，尽量使课程能够满足民办高校学生的身心发展需要。

（2）紧贴经济社会发展的需要。民办高校的人才培养目标，必须紧贴地方经济社会发展需要，因为这与毕业生的就业去向紧密相关。民办高校必须立足地方经济社会发展需要，结合生源实际和学校实际，以培养本科应用型人才为主要目标。虽然同样是培养本科应用型人才，但也应根据学校的特色与办学实力的不同而有所区分。陈新民教授认为民办高校都整体性地定位于培养应用型人才，但不同的高校也有细微的差异，比如有的民办高校定位于培养高素质应用型创新人才，有的民办高校定位于培养高级应用型人才。民办高校应用型人才的目标定位首先应该达到本科教育对本科人才在知识、能力、素质等方面应达到的基本共性要求，实现学术性与职业性的结合，使所培养的学生具有从事本专业实际工作和研究工作的初步能力，同时应遵循应用型人才培养的社会需求导向，把地方经济社会发展的需求与学校的特色结合起来，在知识、能力、素质的设定上又有民办高校自己的个性。

（3）充分听取学科专家的建议。高校具有文化传承的职能，而人类文化遗产主要是以系统化的学科知识来体现的，在高等学校，除了要传授基础知识之外，还应传递一些处于发展前沿的专门化知识，把认识已知和探索未知有机统一起来，实现创新和发展。"这些学问或者还处于已知与未知之间的交界处，或者虽然已知，但由于它们过于深奥神秘，常人的才智难以把握"，而学科专家最了解自己所在的领域。遵循学科专家的建议，也就是遵循学科知识的内在逻辑。当前有较多的声音认为应用型人才培养的课程要打破学科逻辑体系，应以完成任务为目标，以工作过程为导向。笔者认为，对于本科应用型人才培养的课程体系来说，完全打破学科逻辑体系本身就是不科学的。首先，本科应用型人才需要学习和掌握本学科本专业必需的基础理论和基本知识，应用型人才应用的是理论，在人才培养过程中就必然关注理论而不是抛弃理论，当然民办高校所关注的是现成的、成熟的、可以直接应用的理论，对于学科专业基础理论和知识的学习需要学科逻辑；其次，微观课程之间需要遵循学科逻辑处理好先修与后修的关系；再次，学科本身就是在不同学科知识的交叉融合中发展的。不过，在某些具体的职业技术技能课程学习中，不要过于注重学科逻辑体系，不要被学科逻辑体系所束缚，而要以完成任务为目标，以工作过程为导向来组织课程内容。

（4）可以参考《工程教育认证标准》中对培养目标的表述。在《工程教育认证标准》中，要求专业培养目标符合学校定位，适应社会经济发展需要，要定期评估现有培养目标的合理性，然后根据评估结果对培养目标进行修订，评估与修订过程要有行业或企业专家参与，培养目标应包括学生毕业时的要求，还要能反映学生毕业后5年左右能够达到的职业和专业成就，要求"毕业要求"必须明确、公开、可测量，能够支撑培养目标的达成，并对毕业要求应覆盖的12个方面内容作了具体的规定。

2.加大双师型教师培养力度，提升教师开发应用型教材的能力

民办高校一方面要加大对有实践经验的教师的引进力度，另一方面要通过派教师到企业挂职锻炼、开展横向课题研究、共建实习实训基地等形式培养"双师双能型"教师，使教师了解经济社会发展现状，了解科技发展前沿，了解企业对人才的具体需求。同时应开展一些教材建设方面的培训，使教师掌握课程内容选择与组织的知识与技能，提升教师

开发应用型教材的能力。民办高校的教师在课程内容"取舍"上一般应该遵循三个方面的原则,一是要围绕课程目标来选择课程内容,并应课程目标的调整而调整,确保课程目标的顺利实现。一般在课程目标体系明确以后,课程内容的选择就有了基本方向。课程内容应涉及课程目标所要求的知识、能力、素质等各个方面。二是要处理好学科知识、社会经验、学生兴趣三者的关系。学科知识不是越多越好,也不是越深奥越好,而是要符合学生的实际与兴趣。社会经验也一样,并不是所有的社会经验学生都需要,学生也不可能都有一样的社会经历。民办应用型人才要求掌握本学科、本专业必需的基础理论、基本知识。因此对知识应该有必需的(学科知识、社会经验等)和拓展的(学科知识、社会经验等)之分。这也涉及后续的课程内容组织问题。三是要讲求实效性,体现经济和适宜。经济就是课程选择的内容不要重复,以最少的课程内容最大限度地实现课程目标。适宜就是要符合学生的实际,广度和深度要适中,要以学生现有的基础为起点,要符合经济社会发展需求,不过时落后,要选择反映最新科技成果的、现代的、科学的知识。

3.民办高校的课程结构要突出实践教学

实践教学是民办高校增强知识应用能力,提高学生实际动手能力的重要手段。实践教学的形式主要有实验、实践技能训练、实习实训、毕业论文（设计）、社会实践活动、科技创新活动、课外实践活动等。

实践教学在应用型本科教学体系中具有十分重要的地位。抓住新产业、新业态和新技术发展机遇，建立行业企业合作发展平台，建立紧密对接产业链、创新链的专业体系，创新应用型技术技能型人才培养模式，深化人才培养方案和课程体系改革，加强实验实训实习基地建设，促进中职、专科层次与高职有机衔接，广泛开展面向一线技术技能人才的继续教育，深化考试招生制度改革，加强"双师双能型"教师队伍建设，提升以应用为驱动的创新能力，完善校内评价制度和信息公开制度。其中在"创新应用型技术技能型人才培养模式"中，明确提出"加强实验、实训、实习环节，实训实习的课时占专业教学总课时的比例达到30%以上，建立实训实习质量保障机制"。

民办高校实践教学体系建设要以教育部和地方教育行政部门关于实践教学工作的相关文件要求为指导，坚持理论教学与实践教学的有机结合，坚持知识、能力、素质教育有机结合，坚持学生主体作用与教师主导作用有机结合，坚持第一、第二、第三课堂有机结合，构建一个从低到高，从单一技能训练到综合技能应用，再到创新创业教育的以能力培养为主线的实践教学体系。

民办高校要将实验教学课程系统地列入人才培养方案，结合理论课程的学习，不断完善单项性实验教学项目，然后对已有的单项性实验教学项目进行整合，设计构建课程综合性实验项目、专业综合性实验项目、跨专业综合性实验项目，形成本科应用型人才培养的实验教学体系，加深对理论的理解，掌握运用理论解决实际问题的方式方法。通过校企合作等途径加强校内校外实训基地建设，从第一课堂延伸到第二课堂进行专业技能实训，加强学生的技术技能训练。以学科竞赛与学生科研创新项目为抓手，提升学生的技术应用能力。结合创业教育与创新创业实践活动，锻炼提高学生的创新创业能力与素质。紧密结合实际工作岗位或行业的相关问题，开展毕业论文（设计）实践，全面提升学生的理论应用能力。在此基础上，最终实现应用型人才培养的目标。

4. 创新民办高校的课程模式

课程模式是课程编制所采用的计划方式和所确定的结构体系，是为了实现培养目标而构建的具有特定结构和功能的课程体系，是宏观的课程结构。课程模式是依据不同的培养目标，在不同的教育理念指导下，结合本校的校情而构建的,因而课程模式必然呈现出多样性和动态性特征,没有哪一种课程模式能够适用于所有的大学,也没有哪一种课程模式是一成不变的。宁波大学曾提出并实施了"平台+模块"的课程模式。高林提出了应用型本科教育的"学科—应用"导向的课程模式,即由学科基础平台、应用能力平台、基本素质平台构成的课程模式,简称 K&C 课程模式。

民办高校的课程模式要体现"新时代"(高等教育大众化与普及化阶段)高等教育多样性、选择性特征,满足学生个性化发展的需求。既要使学生具备本专业的基础理论、基本知识、基本技能、基本素质,还要让学生具有较为宽广的知识面与较高的综合素质,同时要为学生个性化的发展提供条件,为其就业奠定基础。从这样的教育理念与指导思想出发,笔者提出"通识教育课程+专业核心课程+个性发展课程"的"树状"课程模式。

无论是公办还是民办教育,都要培养人才,都要"立德树人",因此,我们用"树"来比喻学生,用"养树"来比喻教育。世界上有千万种树,每一棵树都是由树根、主干和枝叶构成的。每一种树就好比某一类专业人才。在"树状"课程模式中,通识教育课程就好比树根,根系越发达,这棵树就能长得越高大；专业核心课程就好比树干，是撑起整棵树的支柱，树干越健壮，所撑起的枝叶就越茂盛；个性发展课程就好比枝叶，哪里有阳光雨露就往哪里长，自由生长才能变得茂盛，最终开花结果，找到属于自己的天空。

通识教育的目标是"促进人的全面发展、培养人的文化自觉、塑造共同的社会主义核心价值观"。张亚群教授认为，良好的通识教育是适合本国的教育，是注重"学习"的教育，是突破学科藩篱的教育，是以经典、核心课程为载体的发展心智的教育，是凝聚共同的核心价值观的教育，是学习者通向成功之路。从实践来看，我国的北京大学、复旦大学等一流高校都非常注重通识教育，把通识教育作为一流本科人才培养的重要内容。在实施通识教育过程中每个学校各有特色。民办高校因为教师数量不足等原因，通识教育课程来源有两个：一是自有教师开设的通识教育课；二是超星、智慧树等通识教育课程网络平台提供的课程，这些网络平台的通识教育课程极大地拓展了民办高校可供学生选修的范围。

专业核心课程，顾名思义是一个专业最核心、最重要的必修的课程。

修读了这些课程，基本上可以学习到该专业的基础理论、基本知识和基本技能。

个性发展课程包括但又不限于传统的专业限选课和专业任选课，它是整合全校范围的课程资源，与行业、职业和岗位紧密相关的一些实用课程，包括专业课程、技能课程、职业资格证书和技能证书考试课程。学校整合全校课程资源，结合经济社会发展需求和国家职业技能证书考试要求，设置好课程清单，有些是单门课程，有些是由几门课程组成的一个课程组，这些课程组往往是根据专业方向或证书考试需要而给学生选修提供的建议，如果修完该组全部课程，就能满足报考相应职业技能证书的要求，当然，学生也可以只修其中的一门或几门课程。个性发展课程全部是自由选修课程，学生须修满学校规定的个性发展课程学分，学有余力的同学经申请或通过额外付费等形式还可以选修规定学分之外的更多课程。在国家大力开发慕课与实施"互联网＋教学"的背景下，学校还可以引进相关的精品在线开放课程，以弥补学校课程资源的不足，更好地满足学生个性化发展需求。

5. 确保课程教学大纲的制定与执行

课程教学大纲是指导教师的"教"与学生的"学"的纲领性文件，

是课程教学质量评价的标准，因此，民办高校教学质量建设必须确保课程教学大纲的制定与执行。

（1）要正确认识课程教学大纲的功能和作用。学校的教学管理部门、教师和学生要转变观念，正确认识课程教学大纲的功能，课程教学大纲是教学管理部门对教学进行管理与评价的重要依据；教师依据课程教学大纲实施教学；学生根据课程教学大纲开展课程学习。课程教学大纲是学校教学管理部门、教师、学生三者之间的一种"契约"，必须要严格遵守。

（2）要完善课程教学大纲的相关管理制度，提高课程教学大纲的科学性与权威性。课程教学大纲的科学性与权威性主要体现在三方面，一是编写课程教学大纲的主体的权威性。编写课程教学大纲应该保证编写者的专业性，编写者必须是本专业的教师或专家，最好能够组织相应的团队进行编写，以便集思广益。二是课程教学大纲的审核程序要规范、有效。课程教学大纲的审核应组建相应学科的专家团队，最好能够吸引用人单位的代表参加，也可以由本专业的教学指导委员会进行审核，要像论证专业人才培养方案一样进行课程教学大纲的论证，明确能够支撑该专业人才培养目标的实现。三是课程教学大纲的严格执行。教学管理部门要建立对课程教学大纲的执行进行督查的制度，督促教师自觉按照课程教学大纲的要求实施教学，对于不按课程教学大纲实施教学的行为要及时进行处理与纠正。

6.加强课程学业考核，注重过程性评价

课程评价是通过一定的方法和途径，对课程的计划、活动及结果等的价值或特点作出判断的过程。对于民办高校来说，由于学生的学习主动性积极性不高、学习习惯相对较差、学习方法也相对欠缺，因此，在对课程的学业评价中要加强形成性评价，把形成性评价与总结性评价结合起来。降低期末一次性考核成绩的比重，加大平时成绩的比重，并科学合理安排平时成绩的构成，改变简单地以考勤率决定平时成绩的做法，把平时成绩划分为若干次作业（测验、任务、汇报等）成绩的汇总，明确每次作业的要求，引导学生平时认真学习，从而更好地达成课程目标。课程评价也是教学质量保障体系的主要内容，这里不做过多的阐述。

第三节　民办高校教学质量保障体系的实施步骤

一、构建质量愿景，统一思想，坚定信念

民办高校建设教学质量保障体系，从外部来看，是学校对社会的质量承诺，是学校接受政府和社会第三方评估的需要；从内部来看，是学校加强内涵建设，提升自身教学质量的需要，对学校的建设发展具有十分重要的意义。教学质量保障体系的建设是一个系统工程，需要全校上下共同努力才能出成效。因此，教学质量保障体系的建设需要有一个坚强的领导核心。民办高校教学质量的第一责任人是校长，坚持"教学工作中心地位"，只有让开展教学质量保障体系的建设成为以校长为核心的校领导团队的意志，这项工作才能事半功倍。校领导首先要坚定建设教学质量保障体系的信念，同时要提出明确的质量愿景，然后召集校院中层干部进行研讨，一方面是为了尽可能完善学校的质量愿景，另一方面是为了在中层干部中进行动员，统一大家的思想，使全校中层及以上干部首先认识到建设教学质量保障体系的重要意义，明确学校的质量愿景，坚定大家建设教学质量保障体系的信念。中层及以上干部统一思想

以后，再回到各部门各院系对全校教职工进行宣讲，使全校教职工都知晓学校即将全面开展教学质量保障体系建设，并且对学校的质量愿景也有一个大致的了解，同时通过校报、宣传窗、微信公众号、学校网站等平台进行学校办学理念、质量理念、质量目标等质量愿景的宣传，使学校的办学理念、管理愿景等深入人心。

二、建立健全教学质量保障组织机构

学校质量目标的实现、质量管理工作的开展必须依托一定的组织进行虽然学校各个职能部门、各个学院都是质量管理的组织，都具有相应的质量管理职责，但是为了抓好学校的全面质量管理，有必要设置专门的质量管理职能部门来统筹这一项工作。目前国内高校关于质量管理机构的设置一般有以下几种：一是独立设置质量管理机构，这类机构与学生处、外事处等学校职能部门平级；二是与教师发展中心合署；三是与学校发展规划处合署；四是与教务处合署等。有了专门的质量管理机构以后，学校的教学质量保障体系建设就有统筹与管理部门了，这个部门（为方便论述，下文统称为"质量管理处"）一般在分管教学副校长的直接领导下（受校长委托）开展工作。专门的质量管理机构组建以后，就要做好教学质量保障体系建设的前期准备工作，这些准备工作主要有以下几个方面：

1. 成立学校教学质量保障体系建设工作委员会

这个委员会一般由校长、书记任主任委员，教学副校长任副主任委员，其他校领导、各职能处室负责人、各学院院长、书记任委员，下设办公室，由质量管理处负责人任办公室主任。这个委员会是学校教学质量保障体系建设工作的领导机构和决策机构，是教学质量保障体系建设的指挥中心。这个机构便于全校统一思想、沟通交流教学质量保障体系建设中的问题并做出决策、贯彻落实学校的教学质量保障体系建设的各项任务。

2. 研究制定学校教学质量保障体系建设工作实施方案和建设纲要

质量管理处要进行广泛深入的调研，学习和借鉴成熟高校的教学质量保障体系建设经验，结合民办高校自身实际，研究制定学校《教学质量保障体系建设工作实施方案》（以下简称《实施方案》），其内容一般应包括指导思想、总体目标、建设原则、体系结构、任务与时间安排等。《教学质量保障体系建设纲要》（以下简称《建设纲要》）是《实施方案》的一个主要附件，是学校开展教学质量保障体系建设的行动指南，由质量管理处的负责人会同教务处、学生处、人事处等职能部门负责人制定，其内容一般应该包括两个方面，一是教学质量标准体系。这个质量标准体系的制定一般可以参考教育部本科教学工作合格评估指标体系、审核评估指标体系等外部教学质量评估的指标体系，结合学校实际的教学质量管理工作进行制定。一般包括主要方面（如本研究的四大子系统）、一级项目（相当于审核评估指标中的"审核项目"）、二级项目（相当于审核评估中的"审核要素"）、质量标准基本要求、质量监控点五个栏目。二是教学质量保障项目执行和监控任务落实分工。针对教学质量标准体系中的每个二级项目，确立项目负责人、落实的组织机构、执行人执行机构、监督机构。将任务层层分解，最终落实到人。

3.明确各职能部门、各学院的质量管理职责

质量管理处负责人要会同人事处对各职能部门、各学院的职责进行梳理，进一步明确学校每个职能部门和学院的质量管理职责，然后由各职能部门和学院对所在部门的各科室和各位管理人员的岗位职责进一步明确，尤其是明确其质量管理职责。使学校每个管理人员对自身应该承担的质量管理职责了然于心，把好每个质量关。

4.建立校院两级督导组织

学校应设立校院两级教学督导队伍,分别开展校级层面和院级层面的教学督导工作,教学督导工作主要包括课堂教学质量监控、实验教学质量监控、毕业论文开题工作检查、毕业论文(设计)检查、试卷质量检查等工作,并为专业评估、专业认证、院级教学基本状态监测等定期监督提供重要支撑。

三、做好实施方案的宣贯工作

在学校质量管理机构会同有关部门制定《实施方案》与《建设纲要》后,应将其正式递交学校党政联席会议审议,通过后予以正式发文公布。为了切实落实好学校教学质量保障体系建设工作,应分三个层面组织召开《实施方案》的宣贯会议。首先召开教学质量保障工作委员会议,由校长亲自主持开展教学质量保障体系建设工作动员与任务布置,各分管副校长、各职能处室与学院负责人进一步统一思想认识,明确质量目标,领取相应任务。其次由各分管副校长牵头,按"条线"召开会议,进一步强调教学质量保障体系建设的重要意义,明确所在职能部门与学院的质量管理职责,落实相应的任务。最后由各职能处室、各学院负责人主持,召开所在部门的全体工作人员会议,传达学校教学质量保障体系建设工作会议精神,把相应的质量管理职责再次细化,落实到每个具体工作人员。另外,质量管理处还可以编制一些《实施方案》的解读材料,通过校报、宣传橱窗、网络媒体等向全体教职工宣讲,使全校上下了解政策与文件精神,以便更好地贯彻落实。

四、全面制(修)订教学质量具体标准、规章制度与工作流程

根据《实施方案》与《建设纲要》的要求,学校各职能部门分工负责,全面制(修)订教学质量的具体标准,优化相应的工作流程,完善相关的规章制度。在设计质量保障系统中,各学院应组建专业教学工作指导委员会,重点建立专业动态调整机制、课程动态调整机制两个工作机制,完善专业培养方案、课程教学大纲、课程实践、认知实习、专业实习、毕业论文(设计)等实践教学环节质量标准的制(修)订工作流程与规范。在过程质量保障系统中应重点完善教学运行管理的各项工作流程与规范、师资队伍与教学软硬件条件建设的制度与措施、教学质量过程监控的各项措施与工作制度。在结果质量评价系统中应重点建立学籍预警机制,能够经常性地对学生的学业完成情况进行监控与预警,建立学生对教师教学质量的满意度评价和对教学工作的满意度测评制度、用人单位对毕

业生的满意度测评制度，建立毕业生就业率与创业率以及教学基本状态数据定期采集与分析制度等，对专业人才培养质量进行定期分析。在反馈与修正系统中应重点建立教学质量定期和不定期反馈的制度，并建立相应的反馈渠道，使教职工能及时掌握相关的教学质量信息；同时针对教学质量反馈的一些问题建立并完善相应的整改制度。

五、教学质量保障体系的运行与持续改进

在有了明确的质量愿景、质量理念、质量目标，有了一整套的教学质量标准体系，有了专门的质量管理组织机构和人员以后，教学质量保障体系的运行效率和效益就能提高。教学质量保障体系的建设是在实践中不断完善的，其每个环节的运行都遵循PDCA的循环，如专业培养方案根据市场需求不断完善，课程设置和课程教学大纲也随着市场需求与培养目标的调整而及时进行完善，每个教学过程质量管理也在不断完善等。为了保障教学质量的持续改进，在体系运行过程中还需要进行周期性的监测，比如建立教学基本状态数据定期采集与分析、专业四年一轮的定期自我评估、每年开展的用人单位对毕业生的满意度调查、每学期开展的教师教学质量综合评价等周期性的监测与评估，并按评估反馈的意见进行整改，从而实现教学质量的持续改进。

六、不断加强教学质量保障体系的关键要素建设

教学质量保障体系是个大系统，系统整体功能的发挥取决于系统的结构和构成系统的各个要素的质量。对于民办高校而言，教学质量保障体系中的生源、师资、经费与教学条件、课程是最为关键的要素。民办高校要加强教学质量保障体系建设，全面提高教学质量管理的能力和水平，提升人才培养质量，还需要不断加强这些关键要素的建设。随着生源质量的不断提高、师资队伍质量的不断提升、经费与教学条件的不断改善、课程体系和内容的不断优化，民办高校的教学质量保障体系会更加高效地运行，教学质量一定会稳步提升。

随着高等教育的普及化，民办高校的发展空间将越来越大。在国家建设"双一流"高校的过程中，民办高校也要争创"双一流"，而一流民办高校的建设最根本的就是要培养一流的本科应用型人才。

参考文献

[1]廖守欢,胡泽方,郭彬彬.智能媒体时代广西民办高校媒介素养教育的创新路径探索[J].新闻研究导刊,2024,15(6):126-129.

[2]孙成行.以教育管理视角论民办高校出国学生培养创新路径[J].现代职业教育,2024(9):13-16.

[3]武紫彤.思想政治教育视角下民办高校创新创业教育路径研究[J].现代商贸工业,2024,45(5):95-97.

[4]云曼.民办艺术类高校创新创业教育体系的构建与实践[J].创新创业理论研究与实践,2024,7(3):76-78+95.

[5]郑雪清.民办高校融合双创教育的物流专业实验室建设研究——以A校为例[J].物流科技,2024,47(3):160-163.

[6]贾磊,张珂嘉,吴贝贝.民办高校工程类专业创新创业教育研究[J].科技风,2024(2):56-58.

[7] 刘丽, 张振, 任艳. 民办高校科技创新团队思想政治教育环境优化路径探索 [J]. 大学教育, 2024(2):118-121.

[8] 拓梅梅, 归阳阳. 大思政视域下民办高校学生党支部实践育人的路径研究 [J]. 现代商贸工业, 2024,45(3):158-160.

[9] 刘圆芳, 曾海军, 吴璇. 民办高校学生创新创业教育发展的问题及路径探索——以体育专业为例 [J]. 投资与创业, 2023,34(23):7-9.

[10] 史渊艺. 民办高校辅导员学生管理工作创新路径研究——基于社会工作的视角 [J]. 教育教学论坛, 2023(46):37-40.

[11] 张晓鹤. 创新创业背景下民办高校思政教育的发展路径 [J]. 四川劳动保障, 2023(10):48-49.

[12] 李娟. 民办高校艺术设计类专业深化产教融合协同创新的教学改革策略与实践——以天华学院为例 [J]. 山东商业职业技术学院学报, 2023,23(5):59-62.

[13] 陕海峰, 张雨萌. 民办高校音乐专业器乐类课程教学创新改革研究 [J]. 戏剧之家, 2023(28):180-182.

[14] 涂梦芸. 基于课程体系创新角度完善民办高校艺术教育模式的策

略 [J]. 艺术教育 ,2023(10):242-245.

[15] 李昂哲 . 民办高校依托区域经济发展开展创新创业教育路径研究 [J]. 中外企业文化 ,2023(8):220-222.

[16] 令倩倩 ."戏曲进校园"政策背景下高校戏曲教育的创新实践 [J]. 艺术评鉴 ,2023(4):145-148.

[17] 李辉 . 基于"五坚持"培养理念的民办高校"四全"双创教育体系构建与实践 [J]. 教育观察 ,2023,12(4):104-106.

[18] 陈玲玲 , 闫成旗 , 贾竹英 . 教育信息化 2.0 时代民办高校教学创新的实践研究——以单片机原理及应用为例 [J]. 科技风 ,2022(31):94-96.

[19] 王文新 , 陈娴 , 马华 , 等 . 民办高校教育国际化特色案例学术文集 [M]. 上海社会科学院出版社 :2022.

[20] 曾静铭 , 李雪 . 探析新时期民办高校书院制教育实践的改革创新之路 [J]. 创新创业理论研究与实践 ,2022,5(12):100-102+109.

[21] 陈虹竹 , 王彩 , 钟晓杰 , 安佳 . 民办高校创新创业教育实践体系研究 [J]. 现代商贸工业 ,2022,43(10):58-59.

[22] 李婧 . 浅谈中国传统文化融入民办高校思想政治教育创新改革的

实践路径 [J]. 农场经济管理 ,2022(3):62-64.

[23] 张胜男 , 袁博 , 袁志华 . 创新实践与民办高校"双创"教育建设研究 [J]. 创新创业理论研究与实践 ,2022,5(4):64-66.

[24] 林子民 ."坚持以人民为中心"的创新理念和重大实践对民办高校思政教育队伍建设的启示 [J]. 陕西行政学院学报 ,2022,36(1):121-125.

[25] 王颖 , 接伟光 , 闫宝军 . 民办高校创新创业实践教育现状及对策——以黑龙江东方学院为例 [J]. 现代职业教育 ,2021(42):108-109.

[26] 程永清 , 王晓岚 . 新时代民办高校基层党组织创新思想政治教育实践研究 [J]. 决策探索 (中),2021(9):27-28.

[27] 于秀丽 . 新媒体视域下高校创新创业实践教育路径研究 [J]. 新闻前哨 ,2021(5):113-114.

[28] 李林泽 . 创新实践与民办高校双创教育建设 [J]. 湖北开放职业学院学报 ,2021,34(5):15-16.

[29] 夏冰 , 李雷 . 民办高校新工科专业创新创业教育路径探究 [J]. 创新创业理论研究与实践 ,2021,4(2):126-128.

[30] 卢冰洁 , 范筱聪 . 民办高校大学生创新创业实践教育模式的构建

[J]. 就业与保障 ,2020(24):81-82.

[31] 戎婷竹 . 民办高校第二课堂育人实践与创新 [J]. 就业与保障 ,2020(22):145-146.

[32] 许莹 . 应用型民办高校课程教学同创客教育结合的实践与思考——以长春市 L 高校 "高等数学" 课程为例 [J]. 改革与开放 ,2020(19):89-92.

[33] 李赞 . 基于经济背景下对民办高校创业教育实践的反思与探索 [J]. 营销界 ,2020(34):89-90.

[34] 宋培娟 . 以学科竞赛推动民办高校艺术设计创新人才培养模式研究与实践 [J]. 吉林广播电视大学学报 ,2020(8):75-76.

[35] 罗先锋 . 罗先锋 . 我国非营利性民办高校发展研究 [M]. 厦门大学出版社 :2020.

[36] 马文武 . 马文武 . 中国城乡居民高等教育投资收益与风险研究 [M]. 四川大学出版社 :2017.